불안한
시대의
마음수업

고전의 숨결에서 길을 찾다
:
불안한 시대의 마음 수업

박찬근 지음

| 머리글 |

우리는 그 어느 때보다 빠르게 변화하는 격동의 시대를 살아가고 있습니다. 매일매일 예측 불가능한 사건들이 쏟아지고, 복잡하게 얽힌 사회 속에서 우리는 종종 불안과 혼란에 휩싸여 어디로 나아가야 할지 방향을 잃은 채 방황하기도 합니다. 마치 거친 파도 위에 놓인 작은 배처럼 우리의 마음 또한 끊임없이 흔들립니다.

이 책은 바로 이러한 혼란스러운 시대를 살아가는 현대인들에게, 마음의 평화를 가져다주고 삶의 지혜를 밝혀주는 나침반이 되고자 합니다. 급변하는 사회 속에서 겪는 우리의 깊은 고민에 진심으로 공감하며, 내면의 단단한 성장, 타인과의 건강한 관계와 소통, 오랜 역사와 고전 속에서 배우는 삶의 깊은 지혜, 그리고 바로 지금 이 순간을 살아가는 데 필요한 현실적인 지혜와 따뜻한 성찰이라는 네 가지 핵심 주제를 통해, 독자들이 삶의 중심을 굳건히 잡고 진정한 행복과 의미 있는 성공을 향해 나아갈 수 있도록 돕고자 합니다.

1부 '내면의 성장과 마음 다스림'에서는 불안과 유혹의 파도 속에서도 흔들리지 않는 마음의 평화를 얻고, 껍데기를 벗고 진정한 '나'를 발견하는 방법을 함께 찾아봅니다.
2부 '관계와 소통의 지혜'에서는 나와 다른 타인과의 건강한 관계를 맺고, 진심을 전하고 마음을 나누는 효과적인 소통 능력을 키우는 데 필요한 실질적인 조언들을 따뜻하게 건넵니다.

3부 '역사와 고전에서 배우는 삶의 지혜'에서는 오랜 시간 동안 인류의 지혜로 빛나는 과거 위대한 사상가들의 깊은 통찰을 통하여 우리의 현실에 비추어보며, 우리가 마주하는 수많은 삶의 문제들에 대한 현명한 해답을 함께 모색합니다.

마지막으로 4부 '현재를 살아가는 지혜와 성찰'에서는 빠르게 변화하는 현대 사회의 다양한 문제들을 냉철하게 진단하고, 그 속에서 우리가 어떻게 중심을 잡고 진정한 성공과 행복을 향해 나아갈 수 있을지에 대한 현실적인 지혜와 따뜻한 위로의 메시지를 진솔하게 전달합니다.

이 책은 딱딱하고 어려운 이론서가 아닌, 마치 오랜 친구가 건네는 따뜻한 격려와 진심 어린 조언처럼, 삶의 다양한 고민에 대한 깊은 공감과 따뜻한 위로를 담아, 고등학생부터 바쁜 일상을 살아가는 일반인까지 폭넓은 독자층이 쉽고 편안하게 이해하고 공감할 수 있도록 쓰였습니다. 이 책을 통해 독자들은 깊이 있는 사유와 진솔한 성찰의 시간을 가지며, 인생의 진정한 가치를 발견하고 자신만의 아름답고 풍요로운 삶을 설계해 나가는 친절한 멘토를 만날 수 있을 것입니다.

낡은 물건을 비우고 새로운 물건으로 채우듯, 낡은 생각과 가치관을 버리고 새로운 지혜를 받아들여야 합니다. 하지만 이 책에 담긴 지혜는, 수천 년의 시간을 거쳐 수많은 사람들의 삶 속에서 검증된 인류 문명의 빛나는 유산과 같습니다. 마치 뽕잎을 찾아 끊임없이 고개를 돌리는 굳건한 누에처럼, 이 책은 독자들에게 새로운 지혜를 끊임없이 탐구하고, 삶의 폭과 깊이를 더욱 넓혀나갈 수 있도록 격려하는 소중한 동반자가 되어줄 것입니다.

| 차례 |

머리글 — 004

제1장
내면의 성장과 다스림

혹시 가면을 쓰고 살아가고 있지는 않은가? — 015
合內外 平物我 합내외 평물아

단 10분, 잠시 멈추고 마음을 보라 — 020
靜坐觀心 정좌관심

유혹을 넘어, 역경을 넘어 — 024
剛健不陷 강건불함

성공과 행복을 부르는 마음 사용법 — 028
心無二用 심무이용

인색과 교만, 두 얼굴의 동전 — 032
驕且吝 교차린

당신의 마음속 정원에는 어떤 꽃이 피나요? — 036
心田耕作 심전경작

가장 강력한 적은 바로 나! — 040
君子無所爭 군자무소쟁

멈춰 서서 나를 돌아보는 시간 — 043
日三省 일삼성

꿈을 향한 푸른 설계도 — 047
對越上帝 대월상제

끓어오르는 미움, 결국 나를 태운다 ———————— 050
疾之已甚 질지이심

내 마음의 지도를 펼쳐보니 ———————————— 053
人心 道心 인심 도심

내 마음 사용 설명서 ——————————————— 059
心學圖 심학도

내 안의 폭풍과 욕망, 어떻게 잠재울까? ——————— 063
懲忿窒慾 징분질욕

마음 밭에 지혜의 씨를 뿌리다 ———————————— 067
洋洋慕聖謨 양양모성모

꼼꼼한 준비, 철저한 마무리 ————————————— 072
先甲三日 後甲三 선갑삼일 후갑삼일

세상이 혼란할 때는 물러나 자신을 다스린다 ————— 076
晦處窮約 회처궁약

잠시 정지 버튼을 눌러보세요! ———————————— 080
聽於無聲 청어무성

제2장
관계와 소통의 지혜

변하지 않는 관계의 소중함 ————————————— 087
故舊不遺 고구불유

말없이 마음을 잇는 법 ——————————— 091
至近上下通 지근상하통

의리와 이욕, 인생의 두 갈림길 ——————— 095
遏人慾存天理 알인욕존천리

말 한마디가 세상을 바꿀 수도 있다면? ————— 100
修辭立誠 수사입성

당신의 어두운 비밀 ——————————— 104
內省不疚 내성불구

재능은 빛나지만 ——————————— 108
狂而不直 광이부직

마음이 통하는 사람들과 함께라면 ——————— 112
同病相憐 동병상련

불청객을 대하는 마음 ——————————— 115
不速之客 불속지객

제3장
역사와 고전에서 배우는 삶의 지혜

어느날 문득, 길을 잃었다고 느꼈다면 ——————— 121
實理實心 실리실심

끊임없는 질문, 멈추지 않는 성장 ——————— 125
好問好學 호문호학

『춘추』에서 배우는 리더의 지혜 ─────────── 130
信賞必罰 신상필벌

당신의 발길이 닿는 곳마다, 마음이 머무는 곳마다 ─── 134
吾人所同得 오인소동득

망국의 노래로 현재를 보다 ─────────── 139
悠悠蒼天 유유창천

홀로 산 위에 올라 ───────────────── 144
陟岵 척호

망국의 슬픈 노래, 지금 우리에게 던지는 질문 ────── 150
其誰知之 기수지지

하늘의 뜻과 내 안의 욕망 ──────────── 155
知人知天 지인지천

혼돈의 시대에 듣는 삶의 노래 ────────── 158
周南召南 주남소남

밤하늘 달처럼 차고 기우는 인생 ───────── 164
消長循環 소장순환

꿈을 현실로 만드는 마법 ────────────── 169
辨上下 변상하

도약을 위한 숨고르기 ──────────────── 173
或躍在淵 혹약재연

영원불변은 없다? ───────────────── 176
恒常 항상

역사의 발자국을 따라, 삶의 길을 찾다 ——— 179
觀點 관점

나의 삶을 어떤 향기로 채울 것인가? ——— 183
流芳百世 유방백세

흔들리지 않는 마음의 뿌리 ——— 187
介于石 개우석

아이의 잠재력을 깨우는 두 가지 마음 습관 ——— 192
遜志 辨志 손지 변지

제4장
현재를 살아가는 고전의 성찰

당신 옆 사람에게 집중하세요! ——— 199
患不知人 환부지인

인생의 방향을 바꾸는 두 가지 주문 ——— 203
善不可失 선불가실

하늘이 내게 준 특별한 선물? ——— 207
知天命 지천명

잠자는 천재성을 깨우는 질문 ——— 211
學到無疑 便有疑 학도무의 변유의

당신의 오늘을 디자인할 단 하나의 선택 ——— 216
擇善固執 택선고집

당신의 빛나는 역할, 당신의 무대 —————————— 220
天生我材必有用 천생아재필유용

벼락부자! 행복의 로또 혹은 불행의 씨앗? ————— 225
橫財 횡재

당신 안의 거대한 에너지! —————————————— 230
浩然之氣 호연지기

뻐꾸기처럼 늘 한결같다면 ————————————— 235
其儀不忒 기의불특

위기를 기회로 만드는 용기 ———————————— 239
轉禍爲福 전화위복

영원히 오지 않을 '나중에' ————————————— 244
寸陰是競 촌음시경

캄캄한 막다른 길에서 희망의 빛을 찾는 법 ———— 248
上隨下隨 상수하수

인생 시계, 지금 몇 시를 향하고 있나요? ————— 253
從心所欲不踰矩 종심소욕불유구

당신의 공부는 행복의 씨앗인가요, 불행의 덫인가요? — 257
爲己之學 위기지학

멈춤의 마법 ——————————————————— 262
至日閉關 지일폐관

제 1 장

내면의 성장과 마음 다스림

合內外 平物我
혹시 가면을 쓰고 살아가고 있지는 않은가?

합내외 평물아, 차견도지대단 合內外 平物我. 此見道之大端

내면과 외면을 합하고 사물과 나를 평등하게 하는 것, 이것이 도道를 보는 큰 실마리이다.

외부 세계와 내면의 조화를 추구하며,
나 자신과 주변 사물을 동등하게 여기는 지혜입니다.
이는 진정한 균형과 평온을 가져다주며,
삶의 모든 관계에서 깊은 이해와 평화를 찾게 할 것입니다.

혹시 남들에게 보여주고 싶은 모습과 당신의 진짜 속마음이 다를 때가 있나요? 겉으로는 괜찮은 척 웃고 있지만, 속으로는 불안하거나 답답한 기분을 느낀 적은 없으신가요? 우리는 때때로 가면을 쓰고 살아갑니다. 하지만 그 가면 뒤에 숨겨진 당신의 진짜 모습은 과연 얼마나 편안하고 건강할까요?

송대 성리학자 주희朱熹의 어록집인 『근사록近思錄』에 나오는 '합내외 평물아平物我', 즉 '겉과 속을 하나로 하고 나와 남을 평등하게 보라'는 말은 바로 이와 같은 질문을 우리에게 던지고 있습니다. 겉으로 보이는 행동과 마음속 생각이 다르다면, 스스로를 속이는 '사이비'와 다를 바 없다는 따끔한 충고이기도 합니다.

우리는 모두 마음속으로는 '내면과 외면이 똑같은 사람'이 되기를 꿈꿉니다. 하지만 현실에서는 '겉과 속이 다르다'는 의미의 '표리부동表裏不同'이라는 말이 '겉과 속이 같다'는 '표리일치表裏一致'보다 훨씬 더 많이 쓰이는 것을 보게 됩니다.

왜 이렇게 겉과 속이 다른 모습이 더 익숙한 걸까요? 어쩌면 솔직함보다는 포장된 모습을 더 중요하게 생각하는 사회 분위기 때문일지도 모릅니다.

하지만 이럴 때일수록 우리는 끊임없이 자신의 마음을 깊이 들여다보고, 겉으로 드러나는 행동과 속마음을 일치시키려는 노력을 해야 합니다.

잠깐 멈춰서 당신의 내면을 들여다보세요.

혹시 당신의 아픔은 숨긴 채 다른 사람의 아픔은 쉽게 지나치고 있지는 않나요? 우리의 감정은 모두 연결되어 있습니다. 내 안에서 억눌렸던 감정이 결국 터져 나오듯, 다른 사람의 슬픔과 고통 또한 마찬가지입니다. "나라면 어땠을까?"하고 입장을 바꿔 생각해 보면, 비로소 그들의 진심에 더 깊이 공감할 수 있게 됩니다. 이것이 바로 '평물아'의 진정한 의미입니다. '나'와 '남'은 결국 겉모습만 다를 뿐 본질적으로는 하나로 연결되어 있기 때문입니다.

　가면을 벗고, 진짜 '나'를 마주할 용기. 겉과 속이 다른 이중적인 사람을 우리는 '사이비'라고 부릅니다. 겉으로는 친절한 척하지만, 속으로는 엉큼한 생각을 품고 있는 사람. 우리는 그 누구도 그런 '사이비'가 되고 싶어 하지 않을 겁니다. 그렇다면 어떻게 해야 우리의 내면과 외면이 진정으로 하나 되는 삶을 살 수 있을까요?

　그 해답은 바로 '평물아', 즉 '나와 남의 입장이 다르지 않다'는 깊은 이해에 있습니다. 다른 사람의 아픔을 마치 나의 아픔처럼 느끼고, 그들의 관점에서 세상을 바라보려고 노력하는 것입니다. 그렇게 될 때, 우리는 더 이상 '나'와 '너'를 구분 짓지 않고, 모든 사람을 소중한 하나의 존재로 인식할 수 있게 됩니다.

　결국 "나와 남은 또 다른 형태의 하나이며, 그 하나는 내면과 외면이라는 두 가지 측면으로 나뉠 뿐이다."라는 말은 우리 모두가 서로 연결되어 있다는 깊은 진리를 담고 있습니다. 마치 동전의 앞면과 뒷면처럼, 우리는 겉모습은 다를지라도 그 근본은 하나라는 것을 깨달아야 합니다.

마음의 중심을 찾는 세 가지 질문

　'합내외 평물아'의 가르침은 우리에게 세 가지 중요한 질문을 던집니다.

당신은 진정으로 '나'를 알고 있나요? 남들에게 보이는 모습에만 신경 쓰느라, 내면의 진솔한 목소리를 놓치고 있는 건 아닌가요?

다른 사람의 마음을 헤아리려고 노력하고 있나요?

나와 다른 생각과 감정을 가진 사람의 입장에서 한 번 더 생각하고 공감하려는 노력이 필요합니다.

당신의 말과 행동은 진심과 일치하나요?

머리로 생각한 것과 입으로 내뱉는 말, 그리고 실제로 행동하는 것이 하나가 될 때, 비로소 흔들리지 않는 마음의 중심을 잡을 수 있습니다.

오늘, 잠시 시간을 내어 자신에게 질문을 해보세요.

"나의 겉모습과 속마음은 얼마나 솔직하게 연결되어 있는가?"

이 오래된 지혜를 통해 우리는 더욱 성숙하고 조화로운 삶을 향해 나아갈 수 있을 것입니다.

❀ 나를 향한 질문

"지금 나의 마음은, 나의 겉모습과 얼마나 솔직하게 연결되어 있는가?"

❀ 핵심 요약

- 겉과 속이 다른 삶은 진정한 '나'로부터 멀어지는 길입니다.
- 타인의 입장에서 생각하는 공감의 마음이 '나'와 '너'를 하나로 이어줍니다.

- 내면과 외면의 일치는 흔들리는 세상 속에서 마음의 중심을 잡는 첫걸음입니다.

靜坐觀心
단 10분, 잠시 멈추고 마음을 보라

정좌관심 靜坐觀心

고요히 앉아 마음을 보라.

'知止而後有定 지지이후유정, 定而後能靜 정이후능정,
靜而後能安 정이후능안, 安而後能慮 안이후능려, 慮而後能得 려이후능득.'

'머무름을 안 뒤에야 자리를 잡고, 자리 잡은 뒤에야 고요할 수 있으며,
고요한 뒤에야 안정이 되고, 안정된 뒤에야 깊이 생각할 수 있으며,
깊이 사색한 뒤에야 얻을 수 있다'는 뜻으로 해석됩니다.
정좌관심은 마음을 다스리고 평화를 찾는 데 중요한 방법으로 여겨지며,
오늘날에 있어서도 여전히 마음 챙김 수행으로 널리 활용되고 있습니다.
바쁜 세상, 우리는 눈으로 보여지는 세상의 흐름만 보기 쉽지만
진정한 지혜는 내면에 있음을 깨달아야 합니다.
잠시 멈춰 앉아 자신의 마음과 감정을 들여다보세요.
고요히 앉아 마음을 들여다보노라면 불안을 잠재우고,
내면의 평온과 지혜를 일깨워줄 것입니다.

혹시 '멍 때리기'를 좋아하시나요?

복잡한 생각을 싹 비우고, 아무것도 하지 않는 그 순간의 편안함! '정좌관심'은 바로 그 '멍 때리기'에 집중 훈련을 더한 마음 챙김 연습이라고 생각하면 쉽습니다.

바쁘게 돌아가는 세상, 우리는 늘 무언가를 해야 한다는 압박감 속에 살아갑니다. 스마트폰의 알림 소리는 끊임없이 울리고, 머릿속은 해결해야 할 일들로 가득 차 있지요. 이럴 때일수록 잠시 멈춰 서서 내 마음의 상태를 가만히 들여다보는 시간이 필요합니다. 마치 시끄러운 도시를 벗어나 조용한 숲길을 걷는 것처럼요.

'정좌관심'은 아주 간단해요. 편안하게 앉아서 숨이 들어오고 나가는 것을 느껴보는 거예요. 그때 떠오르는 여러 가지 생각이나 감정에 굳이 의미를 부여하거나 붙잡으려고 하지 마세요. 그냥 '아, 이런 생각이 스쳐 지나가는구나.' 하고 알아차리는 것만으로 충분합니다.

저도 예전에는 마음이 늘 부산했어요. 쫓기는 사냥감처럼 불안하고 초조했죠. 그러다 『심경心經』에서 '정좌靜坐'라는 두 글자를 발견하고 왠지 모르게 끌렸어요. '가만히 앉아 나를 바라본다. ….' 왠지 답답한 마음이 뻥 뚫리는 기분이 들었죠. 마치 시끄러운 음악을 끄고 조용한 숨소리에 집중하는 것처럼요. 그때부터 저는 제 방 한쪽에 '정좌靜坐'라고 써서 붙여놓고 생각날 때마다 잠시 앉아 제 마음의 풍경을 바라보곤 합니다.

어느 새벽, 아직 어둠이 걷히지 않은 조용한 방에 앉았습니다. 희미한 빛 속에서 눈에 들어온 '靜坐', 두 글자. 그날의 마음 연습은 바로 '정좌관심'이었죠. 가만히 숨을 쉬며 앉아 있노라니 온갖 잡다한 생각들이 떠올랐다 사라지곤 했습니다. 하지만 신기하게도 그 생각들을 붙잡으려 하지 않으니 마음이 점점 차분해지는 것이 느껴지더군요.

'텅 빈 마음, 비로소 보이는 진짜 나.'

본래 우리 마음은 텅 빈 공간과 같다고 해요. 우리가 살아오면서 쌓아온 수많은 기억과 감정들은 마치 그 빈 공간에 잠시 나타났다 사라지는 손님과 같은 거죠. 억지로 붙잡으려고 애쓰지 않아도 괜찮아요. 좋든 싫든, 어떤 생각이든 그저 '왔다 가는구나.' 하고 편안하게 흘려보내세요.

'단 10분, 나를 위한 조용한 시간.'

'정좌관심'은 마치 정신없이 돌아가는 세상이라는 시끄러운 놀이터에서 잠시 벗어나서 조용한 그늘에 앉아 숨을 고르는 시간과 같아요. 잠시 멈춤으로써 우리는 비로소 내 안의 진짜 목소리에 귀 기울일 수 있게 됩니다.

끊임없이 변화하는 감정에 휘둘리지 않고, 그저 있는 그대로 바라보는 연습. 이 짧은 시간은 놀라운 변화를 가져다줄 거예요. 스트레스는 줄어들고, 집중력은 높아지며, 무엇보다 불안했던 마음이 신기하게 편안해지는 것을 느낄 수 있을 겁니다.

오늘부터 딱 10분만 시간을 내어 보세요. 조용한 곳에 편안히 앉아, 숨 쉬는 것에 집중하고 떠오르는 생각들을 흘려보내는 연습을 해보는 거예요. 매일 10분의 투자가 당신의 하루를, 그리고 당신의 삶을 얼마나 평온하게 바꿔줄 수 있는지 직접 경험해 보세요!

❀ 나를 향한 질문
"오늘, 나의 마음에게 잠시 쉴 시간을 주었던가?"

❀ 핵심 요약
- '정좌관심'은 복잡한 생각을 비우고 마음의 평화를 찾는 간단한 마음 챙김 연습입니다.
- 편안하게 앉아 호흡에 집중하고, 떠오르는 생각을 흘려보내는 것이 핵심입니다.
- 스트레스 감소, 집중력 향상, 내면의 평화 증진에 도움을 줍니다.

剛健不陷
유혹을 넘어, 역경을 넘어

강건불함 剛健不陷

굳세고 건실하여 무너지지 않는다.

강건불함은 어떤 어려움에도 굴하지 않는 강인한 의지와 정신을 뜻합니다.
흔들림 없는 태도로 역경에 맞서면,
당신은 결코 좌절하거나 함정에 빠지지 않을 것입니다.
내면의 강건함이 당신을 지켜줄 테니까요.

혹시 '지금 딱 하나만 더 먹을까?', '오늘까지만 놀고 내일부터 열심히 할까?'와 같은 유혹에 쉽게 넘어가는 편이신가요?

우리 주변에는 맛있는 음식, 재미있는 영상, 편안한 휴식처럼 우리를 끌어당기는 달콤한 유혹들이 너무나 많습니다.

『주역』에 '군자이자강불식君子以自强不息'이란 말이 있습니다. 군자는 하늘을 본받아 스스로 끊임없이 수양하고 노력한다는 의미입니다. 즉 '강건함은 그릇된 유혹에 빠지지 않는다.'라는 가르침이 녹아 있는 구절로서, 이는 우리 인간은 본능적으로 욕망을 느끼기 때문에 유혹에 쉽게 흔들릴 수 있다는 것을 인정하는 말입니다.

하지만 동시에, 강한 정신력과 건강한 몸을 통해 그런 유혹에 휘둘리지 않고 올바른 길을 선택해야 한다는 중요한 지혜를 담고 있습니다. 마치 거센 바람에도 굳건히 서 있는 나무처럼 우리 내면의 힘을 키워야 한다는 것이죠.

세상 모든 것은 보이는 모습(形體)과 그 안에 담긴 이치理致로 이루어져 있다고 합니다. 하지만 인간에게는 이 두 가지에 더해 아주 강력한 한 가지가 더 있습니다. 바로 '욕심慾心'이라는 녀석이죠.

이 욕심은 우리의 눈과 귀, 코, 입, 그리고 온몸 구석구석에 스며들어 끊임없이 더 좋은 것을 보고 싶어 하고, 듣기 좋은 소리를 쫓고, 맛있는 음식만 탐하며, 편안함만을 추구하게 만듭니다. 그중에서도 가장 강력한 욕심은 '식食', 즉 먹는 것에 대한 욕망과 '색色', 즉 남녀 간의 사랑이라고 할 수 있습니다.

이 두 가지는 우리 삶에서 가장 커다란 유혹이자 평생 해결해야 할 숙제와 같습니다. 하지만 역설적이게도 이러한 욕망은 세상이 굴러가는 하나의 큰 동력이 되기도 합니다.

중요한 것은, 눈앞에 달콤한 유혹이 펼쳐질 때, 강인한 정신력과 건강한 몸으로 우리가 가야 할 길과 가지 말아야 할 길을 명확하게 구분하는 것입니다. 비록 그것이 매우 어렵고 힘든 일일지라도 말이죠. 이는 수천 년 동안 우리에게 전해 내려오는 삶의 지혜이자 중요한 가르침입니다.

유혹에 넘어지지 않는 방법

우리는 매일 크고 작은 다양한 유혹에 맞서 싸우며 살아갑니다. 맛있는 야식의 유혹, 당장의 즐거움을 쫓는 유혹, 편안함에 안주하려는 유혹까지.

강한 정신력과 건강한 몸이 없다면 이러한 유혹을 이겨내기가 쉽지 않습니다.

유혹을 이겨내기 위해서는 먼저 '이것이 정말 나에게 옳은 길인가?'를 판단하는 올바른 판단력이 필요합니다. 그리고 "안 돼!"라고 단호하게 외칠 수 있는 흔들리지 않는 의지가 중요하죠. 건강한 몸은 이러한 정신력을 더욱 굳건하게 뒷받침해 주는 든든한 버팀목이 됩니다.

우리의 인생은 매 순간 선택의 연속입니다. 작은 유혹 앞에서 어떤 선택을 하느냐가 결국 우리의 삶 전체를 만들어갑니다. 지금 당장의 달콤함에 넘어질 것인지, 아니면 조금 힘들더라도 미래의 더 큰 만족을 위해 참을 것인지.

우리는 매 순간 올바른 길을 선택하는 연습을 해야 합니다. 유혹을 피하는 방법, 유혹에 저항하는 힘을 키우는 방법, 그리고 마침내 옳은 행동을 선택하는 습관을 길러야 합니다.

오늘부터 아주 작은 변화라도 시도해 보세요. 예를 들어, 밤에 야식

대신 따뜻한 차를 마시는 것, 엘리베이터 대신 계단을 이용하는 것, 잠들기 전 스마트폰을 내려놓고 대신 책을 손에 드는 것과 같은 작은 실천들이 우리를 유혹에서 벗어나 더 나은 삶으로 이끌어 줄 것입니다.

그렇게 된다면, 우리는 유혹을 이겨내고 더욱 성장하고 발전된 삶을 만들어갈 수 있을 것입니다.

❂ 나를 향한 질문

"지금 달콤한 속삭임으로 나를 유혹하고 있는 것은 무엇인가?"

❂ 핵심 요약

- 인간은 본능적으로 유혹에 약하지만, 강한 정신력과 건강한 몸으로 극복할 수 있습니다.
- 유혹을 이기려면 올바른 판단력과 흔들리지 않는 의지가 필요합니다.
- 작은 실천을 통해 유혹을 이겨내고 더 나은 삶을 만들어갈 수 있습니다.

心無二用
성공과 행복을 부르는 마음 사용법

심무이용 지어대자 필유어소 心無二用 志於大者 必遺於小

닉어소자 즉 역무가어대의 溺於小者 則 亦無暇於大矣

마음에 두 가지를 쓸 수 없으니, 큰 뜻을 둔 자는 반드시 작은 것을 놓치고,

작은 것에 빠진 자는 또한 큰 것에 틈낼 겨를이 없다.

이 말은 집중의 중요성을 강조합니다.
큰 목표에 집중하면 작은 부분을 놓칠 수 있고,
사소한 일에 얽매이면 큰 뜻을 이룰 수 없다는 의미죠.
진정 중요한 것에 에너지를 집중하고,
때로는 작은 것을 포기하는 용기가 필요합니다.

혹시 내비게이션 없이 운전을 하다가 길을 헤맸던 경험이 있으신가요? 우리의 마음도 마찬가지입니다. 어디에 집중해야 할지 갈피를 잡지 못하면, 성공과 행복이라는 목적지에서 멀어지기 쉽습니다.
"마음은 두 가지를 동시에 사용할 수 없다"는 말은 마치 한 손에 두

개의 공을 쥐려고 하면 둘 다 놓치게 되는 것과 같습니다. 우리의 마음 또한 한 번에 하나의 목표에 집중해야 비로소 온전한 힘을 발휘할 수 있다는 뜻이죠.

"큰 것에 마음을 두면 작은 것을 놓치기 쉽고, 작은 것에 몰두하다 보면 큰 것을 살펴볼 여유가 없다"는 말은 우리가 무엇을 선택하고 집중하느냐가 얼마나 중요한지를 다시 한 번 강조합니다. 어떤 팀이나 회사의 분위기를 보면, 리더가 어떤 마음가짐으로 이끌어 가느냐에 따라 그 조직이 탄탄하게 성장하는지, 아니면 흔들리고 어려움을 겪는지 짐작할 수 있는 것처럼요.

『시경詩經』을 읽다 보면, 한 나라의 임금이 어떤 마음으로 나라를 다스렸는지 생생하게 엿볼 수 있습니다. 물론 과거의 이야기를 그대로 따라 할 수는 없겠지만, 그 속에는 시대를 초월하는 지혜가 담겨 있습니다. 올바른 마음으로 세상을 이끌어가려고 고민했던 옛 현인들의 이야기는 오늘을 살아가는 우리에게도 깊은 울림을 줍니다.

오늘 아침, 『시경』의 한 구절을 읽었습니다. 향락에 빠져 나랏일에 등한했던 한 임금에 대한 이야기입니다. 이 이야기의 주인공인 회檜나라 임금은 백성을 돌볼 생각은 않고 화려한 옷과 맛있는 음식에만 정신이 팔려 향락에 빠져 나라가 망했고, 이 패망한 나라를 안타깝게 여긴 시인은 잠을 이루지 못하고 괴로워하는 마음을 시에 고스란히 담았더군요.

수천 년 전 회나라의 슬픈 이야기가 지금도 생생하게 느껴지는데, 지금 우리 주변의 많은 리더들과 우리 자신의 마음은 과연 어디를 향하고 있을까요? 가끔은 거울을 보듯 자신의 내면을 깊이 들여다볼 필요가 있습니다. 그리고 때로는 전혀 모르는 사람의 눈으로 자신을 객관적으로 바라볼 때, 스스로에게 실망하게 될 수도 있습니다. 저 또한 시를 읽으면서 섬뜩한 기분과 함께 제 자신을 깊이 돌아보는 귀한 시간을 가졌습니다.

마음의 방향을 제대로 잡는 법

『시경』에 담긴 옛 군주의 이야기는 리더의 마음가짐이 얼마나 중요한지를 보여줍니다. 과거의 지혜는 현재를 살아가는 우리에게도 깊은 통찰력을 줍니다.

회나라 임금처럼 자신의 욕심만 채우는 리더는 결국 공동체를 망치는 길로 가게 됩니다. 진정한 리더는 자신의 사사로운 욕망보다 함께하는 사람들의 이익과 발전을 위해 헌신해야 합니다.

수천 년 전의 이야기가 지금 우리에게도 여전히 큰 울림을 주는 이유는 무엇일까요? 과거의 역사를 통해 우리는 현재 우리 사회의 리더들과 우리 자신에게 깊은 질문을 던질 수 있습니다. 우리는 스스로를 포함하여 주변 사람들의 마음가짐을 끊임없이 되돌아보고 성찰하며,

더 나은 개인과 더 나은 세상을 만들어나가기 위해 노력해야 합니다. 마음의 방향을 제대로 설정하는 것, 이것이 바로 성공과 행복으로 향하는 첫걸음입니다.

❈ 나를 향한 질문

"지금 나의 마음은 어디를 향하고 있는가?"

❈ 핵심 요약

- 마음은 한 번에 하나의 목표에 집중해야 온전한 힘을 발휘합니다.
- 리더의 마음가짐은 공동체의 미래를 좌우합니다.
- 과거의 지혜를 통해 현재의 마음을 성찰하고, 성공과 행복의 방향을 설정해야 합니다.

驕且吝
인색과 교만, 두 얼굴의 동전

자왈 여유주공 지재지미 子曰 如有周公 之才之美,

사교차린, 기여부족관야이 使驕且吝 其餘不足觀也已.

공자께서 말씀하셨다. "만약 주공과 같은 재능과 아름다움을 지녔더라도,

교만하고 인색하다면 그 나머지는 볼 것도 없다."

인품의 중요성을 강조하는 이 말은 재능이 뛰어나도
교만과 인색함이 있다면 아무 소용이 없음을 일깨워 줍니다.
진정한 가치는 인품에 있음을 잊지 마세요.

혹시 주변에 유난히 자기 것을 아까워하거나, 반대로 끊임없이 자랑하는 사람을 보신 적 있으신가요? 겉으로 보기엔 전혀 다른 모습이지만, 인색吝嗇함과 교만驕慢함은 놀랍게도 그 뿌리가 같다고 합니다. 마치 동전의 양면처럼 말이죠.

겉으로 번지르르하게 자신을 드러내는 허영심虛榮心은 교만의 또 다른 얼굴입니다. 그런데 그 속을 가만히 들여다보면, 놀랍게도 인색함

이라는 뿌리가 숨어 있다는 것을 발견하게 됩니다.

실제로는 가진 것이 별로 없으면서 겉으로만 가득 채워진 척을 하는 모습은 마치 뿌리가 썩은 큰 나무가 얼마 버티지 못하는 것과 같습니다. 결국, 과도한 사치奢侈는 다른 사람을 무시하는 불손不遜함으로 이어질 수 있고, 지나친 검소儉素함 역시 옹졸하고 고루한 인상을 줄 수 있으니 늘 마음을 잘 살펴야 합니다. 작은 것을 크게 보이려 하고, 없음에도 있는 척하는 사람을 좋아할 사람은 아무도 없을 겁니다. 물론 가난을 좋아하는 사람 또한 세상에 없겠죠.

하지만 지나친 사치를 좋아하는 사람 역시 드뭅니다. 왜냐하면 그런 허세는 많은 사람들의 눈과 귀를 흐리게 하여 진실을 가리기 때문입니다. 자신의 양심을 속이면서 남까지 속여 세상을 어지럽히는 행동은 결국 하늘을 속일 수 없다는 오래된 가르침을 잊지 말아야 합니다.

교만함과 인색함은 마치 서로 떨어질 수 없는 수레바퀴와 같습니다. 아무리 머리가 좋고 재능이 뛰어나고 예술적인 감각이 남다를지라도, 겸손함이 없다면 스스로 발전할 수 없을 뿐만 아니라 주변 사람들에게는 그저 거만하고 불쾌한 사람으로 비춰질 뿐입니다. 겸손이야말로 정말 배우기 어렵지만, 꼭 배워야 할 중요한 덕목입니다.

인색함과 교만함의 연결고리

겉으로 드러난 허영심은 교만이라는 가면이고, 그 가면의 진짜 얼굴은 바로 인색함이라는 것입니다. 자신이 가진 것을 나누고 싶어 하지 않는 인색한 마음이 결국 남들에게 잘 보이고 싶어 하는 교만한 태도로 나타나는 것이죠. 마치 텅 빈 항아리가 요란하게 소리를 내듯, 내면의 부족함을 감추기 위해 겉으로 더욱 화려하게 포장하려는 심리와 같습니다.

"작으면서 큰 척하고, 없으면서 많은 척하는 것을 누가 좋아하겠어요?"라는 질문은 우리 스스로를 되돌아보게 합니다. 우리는 과연 있는 그대로의 자신을 받아들이고 있을까요? 아니면 남들에게 더 잘 보이기 위해 부풀리거나 숨기려고 하지는 않나요?

교만함과 인색함은 서로 떼려야 뗄 수 없는 관계입니다. 교만한 사람은 자신의 것을 나누는 것을 아까워하는 인색한 태도를 보이기 쉽고, 인색한 사람은 자신의 부족함을 감추기 위해 더욱 교만해지는 악순환에 빠지기 쉽습니다. 이 끈끈한 연결고리를 끊기 위해서는 겸손함이라는 긍정적인 태도를 가지고, 가진 것을 기꺼이 나누는 연습을 해야 합니다.

아무리 뛰어난 재능을 가졌더라도 겸손하지 않다면, 스스로 더 나아갈 수 없을 뿐만 아니라 주변 사람들과의 관계 또한 순탄하기 어렵습니다. 겸손이야말로 진정한 성장의 밑거름이자, 타인과의 건강한 관계를 위한 필수적인 덕목입니다.

❂ 나를 향한 질문

"나의 마음속 동전은 지금 어떤 면을 보여주고 있는가?"

❂ 핵심 요약

- 인색함과 교만함은 겉모습은 다르지만, 내면의 부족함이라는 뿌리를 공유합니다.
- 허영심은 교만의 가면이며, 그 가면 뒤에는 인색함이 숨어 있을 수 있습니다.
- 진정한 성장은 겸손함과 나눔을 통해 이루어집니다.

心田耕作
당신의 마음속 정원에는 어떤 꽃이 피나요?

심전경작 心田耕作
마음 밭을 갈고 닦는다.

이 말은 우리 마음을 밭처럼 가꾸고 노력해야 함을 의미합니다.
좋은 씨앗(생각, 가치)을 뿌리고 꾸준히 가꿔야만
풍요로운 수확(평온, 지혜)을 얻을 수 있습니다.
꾸준한 마음의 수련이 당신의 삶을 변화시킬 것입니다.

혹시 당신 마음속에 당신만의 아름다운 정원이 있다는 것을 알고 계신가요? 겉으로 보이는 화려한 꽃길은 시간이 흐르면 시들겠지만, 마음 깊은 곳에 뿌리내린 꽃은 오랫동안 그 아름다움을 잃지 않습니다.

마음속의 꽃을 피우고 정성껏 가꾸는 노력은 마치 씨앗을 심고 물을 주는 농부의 마음과 같습니다. 처음에는 작은 씨앗에 불과하지만, 꾸준한 노력과 사랑으로 가꾸면 마침내 아름다운 꽃을 피워 향기를 널리 퍼뜨리고, 그 향기는 기록으로 남아 영원히 사람들의 마음속에 깊이 새겨집니다.

지금 제 마음속 정원에는 율곡 이이의 맑고 고결한 향기가 은은하게 퍼져 잔잔한 행복감을 느끼게 합니다. 때로는 굴원의 슬픈 노래「이소경離騷經」을 읽으며 가슴 저미는 슬픔에 눈물짓기도 합니다.

구름 속을 자유롭게 거닐 듯 상상력을 펼쳤던 이백의「촉도난蜀道難」, 고향을 떠나 힘겨운 시대의 아픔을 노래했던 두보의 시, 인간 본성의 회복을 외치며 평생을 노력했던 공자의 가르침, 탐욕과 분노와 어리석음에서 벗어나 진정한 자신을 찾으라고 깨우쳐 주신 부처님, 그리고 사랑으로 온 세상을 아름답게 물들인 예수님! 이 모든 위대한 분들의 정신과 업적은 우리 마음속에 피어난 영원한 꽃과 같습니다. 그리고 그 향기는 천 년이 지나도 변치 않을 것입니다.

당신의 마음속 정원은 어떤 모습인가요?

문득 제 자신에게 질문을 던져봅니다. "나는 과연 어떤 꽃을 피우기 위해 노력하고 있는가?" "혹시 게으름 때문에 아직 씨앗조차 심지 못한 것은 아닐까?"

매일 주어지는 소중한 오늘이라는 시간을 그저 흘려보낼 수는 없습니다.

마음속 정원을 아름답게 가꾸는 법

세상의 모든 꽃은 언젠가 시들고 지겠지만, 우리 마음속에 피어나는 아름다운 꽃은 영원히 그 향기를 잃지 않습니다. 율곡 이이 선생님의 학문과 덕행, 굴원의 굳건한 충절, 이백의 자유로운 상상력, 두보의 시대에 대한 깊은 통찰, 공자의 인을 향한 끊임없는 노력, 부처님의 자비와 지혜, 예수님의 사랑과 헌신… 이 모든 위대한 분들의 삶과 가르침은 우리 마음속에 아름다운 꽃으로 피어나 영원히 향기를 발산합니다. 이는 단순한 옛날이야기가 아니라, 그분들의 삶이 지금 우리의 삶에 어떤 깊은 영향을 주고 있는지 보여주는 것이죠.

우리 모두의 마음속 정원에는 아름다운 꽃을 피울 수 있는 무한한 가능성이 숨겨져 있습니다. 중요한 것은 어떤 꽃을 피우고 싶어 하는지 스스로에게 묻고, 그 꽃을 피우기 위해 꾸준히 노력하는 것입니다. 우리는 지금 어떤 씨앗을 심고, 어떤 물을 주고 있나요? 어떤 모습의 꽃을 피우는 사람으로 성장하고 싶으신가요?

마음속에 아름다운 꽃을 피우기 위해서는 끊임없이 배우고 성장하는 노력을 게을리 하지 않아야 합니다. 따뜻한 마음으로 주변 사람들을 배려하고 사랑을 실천해야 합니다. 자신의 소중한 꿈을 향해 용기 있게 나아가야 합니다. 삶의 방향을 제시하는 긍정적이고 올바른 가치관을 확립하는 것도 중요합니다. 이러한 노력들은 우리에게 삶의 진정한 의미와 영원한 가치를 깨닫게 해 줄 것입니다.

우리 모두는 자신만의 아름다운 마음 밭에 고유한 꽃을 피울 수 있는 씨앗을 가지고 있습니다. 중요한 것은 그 씨앗을 현실로 꽃 피우기 위해 멈추지 않고 노력하는 우리의 의지입니다. 오늘 하루도 당신의 아름다운 마음속 정원에 당신만의 특별한 꽃을 피워나가시기를 응원합니다.

이제 잠시 눈을 감고 당신의 마음속 정원을 떠올려 보세요. 그곳에는 어떤 꽃들이 피어나고 있나요? 그리고 앞으로 어떤 아름다운 꽃을 피우고 싶으신가요? 당신의 마음속 정원을 더욱 풍요롭고 아름다운 꽃밭으로 가꾸어 나가시기를 바랍니다.

❁ 나를 향한 질문
"나는 마음속 정원에 지금 어떤 꽃이 피우고 있는가?"

❁ 핵심 요약
- 우리 마음속에는 영원히 시들지 않는 아름다운 정원이 있습니다.
- 위대한 인물들의 삶과 가르침은 우리 마음속에 아름다운 꽃으로 피어납니다.
- 끊임없는 노력과 긍정적인 마음으로 당신의 마음속 정원을 아름답게 가꾸세요.

君子無所爭
가장 강력한 적은 바로 나!

군자무소쟁 君子無所爭, 극기복례 克己復禮

군자는 다투는 일이 없다. 자신의 욕망을 이기고 본연의 모습을 찾아라.

이 두 구절은 군자의 길을 제시합니다.
진정한 군자는 사소한 다툼에 얽매이지 않고,
자신의 욕심을 극복하며 올바른 도리를 지킵니다.
내면의 수양을 통해 평화롭고 조화로운 삶을 추구하는 지혜입니다.

혹시 완벽해 보이는 사람도 마음속으로 끊임없이 싸운다는 사실을 알고 계신가요? 인격을 완성했다는 군자에게조차 예상치 못한 싸움의 순간이 찾아온다고 합니다. 바로 우리 자신의 내면에서 벌어지는 보이지 않는 싸움이죠.

'군자무소쟁君子無所爭'
겉으로는 다투는 바가 없어 보이는 군자에게도 피할 수 없는 싸움이 있다는 이 말은 우리에게 깊은 생각을 하게 합니다. 진정한 싸움의 고수는 칼이나 주먹 대신, 자신의 마음속 깊이 자리 잡은 욕망을 상대합니다.

조금만 힘들어도 "이제 그만 쉬고 싶다!"라고 속삭이는 나약한 마음, 조금만 피곤해도 "당장이라도 침대에 눕고 싶다!"라고 유혹하는 게으름. 특히 휴일 아침이면 "오늘은 늦잠 푹 자고 늘어지게 쉬자!"라는 강력한 적이 더욱 거세게 공격해 옵니다. 이 모든 것은 바로 우리 안에 존재하는 가장 강력한 적, '욕심과 욕망'의 외침입니다!

활쏘기를 한번 떠올려 보세요. 활을 제대로 쏘려면 단순히 팔 힘만으로는 부족합니다. 마음을 깨끗하게 비우고, 흔들림 없는 집중된 자세를 유지해야 하죠. 아주 미세한 마음의 동요라도 화살은 여지없이 과녁을 빗나가게 만듭니다. 우리의 삶도 마찬가지입니다. 순간의 달콤한 유혹에 사로잡히면 오랫동안 공들여온 소중한 목표를 눈앞에서 놓치기 쉽습니다.

'군자무소쟁君子無所爭'이라는 가르침은 단순히 외부와의 갈등을 피하라는 뜻이 아닙니다. 끊임없이 자신의 내면과 마주하고 싸워, 어제보다 더 성숙한 '나'로 나아가기 위해 부단히 노력하라는 깊은 의미를 담고 있습니다.

오늘 하루도 우리는 수많은 유혹과 끊임없이 싸워야 합니다. 잠시의 편안함에 기대어 소중한 꿈을 포기하고 싶어지는 나약한 마음, 끊임없이 남들과 비교하며 불안해 하고 조급해지는 초조한 마음, 그리고 무엇보다 자기 자신에 대한 확고한 믿음을 갖지 못하는 흔들리는 마음과 힘겨운 싸움을 벌여야 합니다. '뜻을 세운다는 것은 자신과의 싸움에서 승리하겠다는 굳건한 다짐의 표현'이라는 말처럼, 우리는 매일 스스로와의 약속을 잊지 않고 지키기 위해 끈기 있게 노력해야 합니다.

오늘, 당신은 어떤 내면의 싸움을 벌이고 있나요? 그리고 그 싸움에서 당당히 승리하기 위해 지금 무엇을 해야 할까요? '군자무소쟁'의 깊은 가르침을 통해 자신의 내면을 진지하게 되돌아보고, 더욱 발전된 '나'를 향해 힘찬 첫걸음을 내딛어 봅시다.

❂ 나를 향한 질문
"나는 마음속에서 자라고 있는 어떤 적과 싸우고 있는가?"

❂ 핵심 요약
- 진정한 싸움의 상대는 외부의 적이 아닌, 우리 안의 욕망과 나약함입니다.
- 순간의 유혹에 흔들리지 않고 목표를 향해 나아가는 강한 의지가 필요합니다.
- 매일 자신과의 싸움에서 작은 승리들을 쌓아나가며 성장해야 합니다.

日三省
멈춰 서서 나를 돌아보는 시간

오일삼성오신 吾日三省吾身. 위인모이불충호 爲人謀而不忠乎?
여붕우교이불신호 與朋友交而不信乎? 전불습호 傳不習乎?
나는 매일 세 가지를 반성한다. 다른 사람을 위해 일을 도모함에 충성을 다했는가?
벗과 사귐에 있어 신의가 있었는가? 스승에게 배운 것을 익혔는가?"

이는 공자의 제자 증자의 말로,
매일 자신을 성찰하는 것의 중요성을 강조합니다.
세 가지 일을 되돌아보며 성장의 기회로 삼으라는 지혜입니다.
꾸준한 자기반성이 당신을 더 나은 사람으로 만들 것입니다.

혹시 하루를 마무리하며 "오늘 하루, 나는 어떤 사람이었을까?" 하고 잠시 생각해 보신 적 있으신가요?

옛 가르침에 '일삼성日三省', 즉 "하루 세 가지로 자신을 돌아본다"는 말이 있습니다. 이는 우리가 매일 스스로를 성찰하는 것이 얼마나 중요한지를 깨닫게 해 줍니다.

완벽한 성인은 굳이 자신을 돌아보지 않아도 하늘의 이치를 삶 속에서 그대로 실천하기에 모든 사람이 그분의 말을 믿고 따를 수 있습니다. 하지만 우리는 어떻던가요? 입으로는 옳은 말을 되뇌지만, 실제 삶에서는 그 가르침대로 행동하지 못할 때가 많습니다. 굳게 다짐했던 초심은 쉽게 흔들리고, 결국 늘 마음 한구석에 부족함을 느끼며 살아갑니다. 그렇기에 끊임없이 자신을 돌아보는 자기 성찰은 우리에게 너무나 소중한 과정입니다.

공자님의 뛰어난 제자였던 증자曾子는 매일 스스로에게 세 가지 질문을 던지며 자신을 깊이 성찰했다고 전해집니다.

남을 위해 진심을 다했는가? (忠)
친구에게 믿음을 지켰는가? (信)
배운 것을 꾸준히 익혔는가? (習)

겉보기에 증자가 던지는 단순하게 보이는 이 세 가지 질문은 사실 우리 삶의 모든 영역을 꿰뚫는 핵심적인 질문들이라고 할 수 있습니다.

여기서 '省성'이란 단순히 지나간 일을 떠올리는 소극적인 행동이 아닙니다. 자신의 행동과 말을 꼼꼼히 되짚어보고, 부족한 점을 스스로 깨달아 개선하려는 적극적인 노력을 의미합니다. 마치 거울을 보듯 자신의 모습을 객관적으로 비춰보는 것이죠.

'충忠'이란 지금 내가 서 있는 자리에서 나의 능력과 마음을 다해 최선을 다하는 것입니다. 과거에는 윗사람의 명령에 무조건 따르는 것을

'충'이라고 생각했지만, 진정한 '충'은 상황과 관계없이 자신의 진심과 능력을 숨김없이 드러내어 맡은 일에 최선을 다하는 태도입니다.

'신(信)'은 진실한 마음으로 사람들을 대하고, 자신이 한 약속을 반드시 지키는 것입니다. 말과 행동이 일치하는 믿음직한 사람이 되는 것이죠. '학(學)'은 외부의 가르침을 통해 지혜를 배우는 과정이며, '습(習)'은 배운 것을 꾸준히 반복하고 실천하여 완전히 자신의 것으로 만드는 노력입니다.

증자의 질문은 우리가 매일의 삶에서 진심을 다했는지, 믿음을 지켰는지, 배움을 게을리 하지 않았는지 스스로 점검하도록 이끌어 줍니다.

시간과 공간은 끊임없이 변하지만, 매 순간 최선을 다하는 모습(忠), 주변 사람들과 굳건한 믿음을 쌓는 행동(信), 그리고 끊임없이 배우려는 겸손한 자세(習)는 변하지 않는 중요한 가치입니다. 스스로를 돌아보아 부족하거나 잘못된 부분을 발견했을 때, 그것을 채우고 고치려는 마음이야말로 진정한 정성입니다. 증자의 성찰은 바로 이 자기 성찰의 중요성을 우리에게 다시 한 번 깨닫게 해 줍니다.

물론 반드시 이 세 가지 질문에 얽매일 필요는 없습니다. 중요한 것은 스스로의 언행을 진솔하게 돌아보는 노력입니다. 자신만의 질문을 던지고 답을 찾아가는 과정 또한 훌륭한 자기 성찰의 방법이 될 수 있습니다. 증자가 제시한 질문을 참고하되, 자신의 삶과 가치관에 맞는 질문을 스스로에게 던짐으로써 더욱 깊이 있는 자기 성찰을 시작해 보세요.

❖ 나를 향한 질문

"오늘 하루, 나는 나 자신에게 어떤 질문을 던졌던가?"

❖ 핵심 요약

- '일삼성日三省'은 매일 세 가지로 자신을 돌아보는 자기 성찰의 중요성을 강조합니다.
- 증자의 세 가지 질문(충, 신, 습)은 삶의 중요한 가치를 되돌아보게 합니다.
- 획일적인 틀에서 벗어나 자신만의 질문을 던지는 것도 좋은 자기 성찰 방법입니다.

對越上帝
꿈을 향한 푸른 설계도

대월상제 對越上帝

상제를 마주하고 우러러 본다.

이 말은 지극한 공경심으로 하늘의 이치나
절대적인 존재를 대하는 자세를 뜻합니다.
겸손하고 경건한 마음으로 자연의 섭리나 우주의 질서를
깊이 이해하고 따르려는 태도를 나타내며,
삶의 큰 이치를 깨닫고자 하는 성찰의 자세를 담고 있습니다.

혹시 밤하늘을 올려다보며 영원히 빛나는 별을 바라본 적 있으신가요? 예로부터 성인들은 드넓은 하늘을 닮고자 노력했고, 마침내 하늘의 이치를 따르는 삶을 살아 영원히 지지 않는 별처럼 우리 마음속에 빛나고 있습니다.

현인들 또한 성인의 발자취를 따라 수많은 책에 그들의 깨달음을 기록하여 후학들의 길을 밝혀주고 있습니다. 그렇다면, 이 빛나는 별들과 같은 삶을 바라보며, 문득 이런 질문이 떠오르지 않으신가요? "나는 과연 어떤 삶을 살아갈 것인가?" 이는 우리 삶의 가장 중요한 화두일 것입니다.

　흐르는 강물의 겉모습은 끊임없이 변하지만, 그 근원인 영원한 실체는 바로 하늘과 우주입니다. 우리가 글을 읽고 쓰는 것 또한 드넓은 하늘의 뜻, 우주의 이치를 깨닫기 위함이 아닐까요? 그리고 그 깨달음의 아름다운 꽃은 바로 현인과 성인이 아니었던가요?
　지금, 당신 스스로에게 조용히 물어보십시오. 당신의 마음속 가장 깊은 곳에는 무엇이 두려움으로 자리 잡고 있나요?

　하늘을 닮은 삶은 곧 하늘을 향해 나아가는 여정과 같습니다. 아무리 많은 돈을 움켜쥔다 해도, 결국 그 모든 것은 우리가 이 세상을 떠날 때 짊어지고 갈 수 없는 덧없는 것들입니다.
　아, 그대! 당신은 이미 하늘의 이치를 온전히 부여받았습니다. 하지만 지금 당신의 모습은 어떻습니까? 욕망이라는 녹슨 거울처럼, 세상의 덧없는 물질에 대한 욕심으로 점점 더 뿌옇게 흐려지고 있지는 않나요? 이제 멈춰 서서, 당신의 내면을 깨끗하게 닦아낼 때입니다.
　당신 스스로, 당신의 삶을 아름답게 디자인하십시오.

❀ 나를 향한 질문
"내가 만들고 싶은 삶은 어떤 모습인가?"

❀ 핵심 요약

- 성인과 현인은 하늘의 이치를 깨닫고 삶으로 보여준 빛나는 존재입니다.
- 진정한 삶의 가치는 덧없는 물질이 아닌, 영원한 하늘의 이치를 닮아가는 데 있습니다.
- 스스로에게 끊임없이 질문하며, 자신만의 아름다운 삶을 디자인해야 합니다.

疾之已甚
끓어오르는 미움, 결국 나를 태운다

질지이심자 난야 疾之已甚者 亂也

지나치게 미워하는 것은 혼란에 이른다.

『논어』에 나오는 말로,
무엇이든 너무 미워하면 오히려 자신을 해친다는 뜻입니다.
과도한 증오나 비난은 문제를 해결하기보다 마음만 병들게 하죠.
감정을 다스리고 객관적으로 바라보는 지혜가 필요합니다.

혹시 당신 마음속에 걷잡을 수 없이 미운 사람이 있나요? 밤마다 그 사람 생각에 잠 못 이루고, 온종일 불편한 감정에 시달리지는 않으신가요?

옛 구절에 '질지이심疾之已甚'이라는 말이 있습니다. 여기서 '질疾' 자를 '미워할 질疾'로 해석하면, 미워하는 마음이 지나치면 결국 자신을 해친다는 깊은 경고의 메시지를 담고 있습니다. 마치 맹렬한 불길이 결국 자기 주변의 모든 것을 태워버리듯, 지나친 미움은 우리 마음을 병들게 하고, 심지어 우리의 삶 전체를 망가뜨릴 수 있는 것이지요.

  누군가를 진심으로 좋아했을 때의 설렘과 행복을 기억하시나요? 그렇다면, 반대로 그 사람을 사무치게 미워했을 때의 고통과 분노 또한 생생하게 떠오르실 겁니다. 살아가면서 우리는 필연적으로 좋아하는 사람과 싫어하는 사람을 만나게 됩니다.
  하지만 그 미움이 선을 넘어서면, 우리의 마음은 깊은 상처를 입고, 심지어 우리의 건강까지 위협하게 됩니다. 마치 몸속에서 퍼져나가는 독처럼, 깊은 뿌리를 내린 미움은 우리의 생각과 감정을 지배하고, 우리의 일상 전체를 어둡게 물들입니다.
  특히 "남의 잘못을 마음속 깊이 새겨두고 끊임없이 미워하는 것은, 결국 자신의 심신을 병들게 하여 미워하는 대상보다 스스로에게 더 큰 상처와 고통을 안겨준다"는 말은 우리에게 큰 울림을 줍니다. 마치 부메랑처럼, 우리가 던진 미움은 결국 우리 자신에게 되돌아와 더 큰 아픔을 안겨주는 것입니다.
  좋아하는 마음이든 미워하는 감정이든, 그 정도가 지나치면 반드시 문제를 일으킵니다. 한 사람에게 지나치게 의존하게 되거나, 끊임없이 불편하고 불안한 감정에 휩싸이게 되는 것처럼 말이죠. 우리 삶에서는 감정의 균형을 유지하는 것이 무엇보다 중요합니다.
  그러므로 우리는 좋아하는 사람의 단점도 객관적으로 바라볼 수 있는 지혜를 가져야 하며, 심지어 미워하는 사람에게서조차 그의 장점을 발견하려는 노력을 기울여야 합니다.

사람뿐만 아니라 세상의 모든 일과 사물을 바라볼 때, 우리는 편견 없는 객관적인 시각을 유지해야 합니다. 결국, 우리 마음 깊숙이 자리한 미움을 스스로 떨쳐내고, 외부의 흔들림 없이 진정한 마음의 평화를 찾아 나아가야 합니다. 다른 사람의 실수를 너그럽게 용서하고, 그들의 뛰어난 점과 아름다운 면모를 인정하고 칭찬하는 연습을 꾸준히 해야 합니다.

오늘, 이 순간, 당신은 과연 누구를 미워하고 있으며, 그 미움의 감옥에서 어떻게 벗어날 수 있을까요? 이 짧지만 깊은 가르침을 통해 스스로를 진지하게 성찰하고, 얽매인 미움에서 벗어나 더욱 평온하고 행복한 삶을 향한 첫걸음을 힘차게 내딛어 봅시다.

❋ 나를 향한 질문

"나를 괴롭히고 있는 미움의 감옥에서 벗어나려면 어떻게 해야 할까?"

❋ 핵심 요약

- 지나친 미움은 결국 자신을 병들게 하고 고통스럽게 만듭니다.
- 감정의 균형을 유지하고, 객관적인 시각으로 세상을 바라보는 것이 중요합니다.
- 용서와 이해를 통해 미움에서 벗어나 진정한 마음의 평화를 찾아야 합니다.

人心 道心
내 마음의 지도를 펼쳐보니

인심유위 도심유미 人心惟危 道心惟微.

유정유일 윤집궐중 惟精惟一 允執厥中

사람의 마음은 위태롭고, 도의 마음은 미묘하다.

오직 정밀하고 하나로 집중하여, 그 중용을 참되게 지켜야 한다.

인간에게는 욕구에 이끌리는 '인심'과

선한 본성을 따르는 '도심'이 공존합니다.

혼란스러운 세상 속에서도 '도심'을 지키고 가꾸는 것이 중요합니다.

인심에 휘둘리지 않고 도심을 따를 때,

진정한 평온과 지혜를 얻을 수 있습니다.

혹시 당신 마음속에도 복잡하고 미묘한 풍경이 펼쳐져 있다는 것을 느껴보신 적 있으신가요? 마치 눈으로 볼 수 없는 미지의 대륙처럼, 우리의 내면은 탐험해야 할 무궁무진한 세계를 품고 있습니다. '심학도心學圖'는 바로 그 마음의 풍경을 담은 지도와 같고, 이 지도를 따라가다 보면, 우리는 자신을 더 깊이 이해하게 되고, 더 나은 삶의 방향을 찾아 나설 수 있습니다.

이 마음의 지도는 크게 두 개의 중요한 영역으로 나뉩니다. 우리가 세상에 태어나면서 자연스럽게 갖게 되는 본능적인 마음, 인심人心. 그리고 이성과 도덕적 성찰을 통해 끊임없이 가꾸고 발전시켜 나가야 할 이상적인 마음의 방향, 도심道心입니다. 마치 나침반의 두 극처럼, 인심과 도심은 우리 마음속에서 끊임없이 서로 영향을 주고받으며 우리의 행동과 생각을 이끌어갑니다.

심학에서는 꾸밈없고 순수한 어린아이의 마음과 같은 양심良心을 인간 본성의 가장 깊은 뿌리로 여깁니다. 그리고 우리 안에 존재하는 진정한 '나', 곧 본심本心은 바로 이 순수한 양심의 빛을 간직하고 있습니다.
대인심大人心이란, 이러한 본심의 존재를 깨닫고 일상생활 속에서 그 빛을 따라 살아가는 사람의 마음을 의미합니다. 마치 어둠 속에서 길을 잃었을 때, 문득 떠오르는 양심의 빛줄기가 올바른 방향을 제시해 주는 것과 같습니다.

심학은 머릿속의 복잡한 이론을 넘어, 우리의 삶을 실제로 변화시키는 지혜를 강조합니다. 홀로 있을 때에도 부끄러움 없이 행동하는 '신독愼獨', 자신의 사사로운 욕망을 이겨내고 예의에 맞는 행동을 실천하는 '극기복례克己復禮', 마음을 집중하여 사물의 이치를 깨닫는 공부인

'심재心在', 그리고 흩어지고 방황하기 쉬운 마음을 다시 불러 모으는 노력인 '구방심救放心' 등이 바로 그것입니다. 또한, 그릇된 생각에 흔들리지 않고 바른 마음을 굳건히 지키는 '정심正心', 외부의 유혹이나 감정에 쉽게 흔들리지 않는 견고한 마음의 상태인 '부동심不動心' 또한 중요한 개념입니다.

이 외에도 '계구戒懼, 존심存心, 심사心思, 양심養心, 진심盡心' 등 다양한 마음공부의 방법들은 우리가 마음을 수련하고 완성해 나가는 여정에서 소중한 길잡이가 되어 줍니다.

그렇다면, 우리는 '마음'이라는 것을 어떻게 정의할 수 있을까요? 심리학에서는 다양한 각도에서 마음을 설명하지만, 심학에서는 크게 '인심人心'과 '도심道心'이라는 두 가지 관점으로 나누어 이해합니다. 사람 '인人' 변에 마음 '심心' 자를 쓰는 '인심'은 인간이라면 누구나 자연스럽게 가지는 기본적인 욕망과 감정을 의미합니다.

반면, 길 '도道' 변에 마음 '심心' 자를 쓰는 도심은 인간이 마땅히 추구해야 할 도덕적인 이상과 이성의 작용을 나타냅니다. 마치 자동차의 액셀과 브레이크처럼, 인심은 우리를 움직이는 힘이지만 도심은 그 방향을 조절하는 지혜라고 할 수 있습니다.

사람이 세상에 처음 태어날 때부터 가지고 오는 깨끗하고 순수한 마음을 양심良心이라고 합니다. 이는 마치 갓 태어난 아이의 꾸밈없는 마음과 같아 '적자심赤子心'이라고도 불립니다. 본심本心은 바로 태어날 때부터 지닌 근본적인 마음을 의미합니다. 이러한 본심이 우리 안에 있다는 것을 깨닫고 끊임없이 노력하여 본래의 순수한 마음을 회복한 사람의 마음을 '대인심大人心'이라고 합니다.

비록 마음은 눈으로 볼 수 없지만, 맑고 깨끗하며, 세상의 모든 것을 알아차리는 신비롭고 밝은 능력을 지니고 있습니다. 마치 어둠 속에서 희미하게 빛나는 등불처럼, 우리의 본심은 삶의 여정에서 진실을 밝혀 주는 역할을 합니다.

우리 선조들은 이러한 마음공부를 어떻게 실천했을까요? 마음이 우리 몸을 움직이는 주인과 같다면, '공경할 경敬' 자는 그 마음을 다스리는 중심이 됩니다. 이러한 생각으로 선조들은 남들이 보지 않는 혼자만의 시간과 공간에서 스스로의 마음을 세심히 살피는 신독愼獨을 중요한 공부 과제로 삼았습니다. 또한 눈에 보이는 대로, 귀에 들리는 대로, 느껴지는 대로 따라오는 욕망의 늪에서 벗어나 본래의 순수한 마음으로 되돌아가기 위한 끊임없는 노력, 곧 극기복례克己復禮 공부를 실천했습니다. 마치 거친 파도를 헤쳐 나아가듯, 끊임없이 자신을 단련하는 과정을 통해 선조들은 흔들리지 않는 마음의 힘을 길렀습니다.

더 나아가 선조들은 마음을 한 곳에 집중하면 평소에는 보이지 않던 것도 보이고, 들리지 않던 것도 들리며, 심지어 음식을 먹어도 그 맛을 제대로 알지 못하는 경지에 이른다는 '마음을 두는 공부', 즉 심재心在 공부를 했습니다. 우리는 흔히 '공부한다'고 말하지만, 자세히 살펴보면 우리의 몸과 마음은 마치 상온에 놓인 수은처럼 잠시도 가만히 있지 않는 경우가 많습니다. 이렇게 끊임없이 달아나려는 마음을 다시 불러 모으는 공부가 바로 구방심救放心입니다. 마치 풀려난 망아지를 다시 고삐를 잡아 이끌듯, 흩어진 마음을 다잡아 집중력을 키우는 것입니다.

설령 되찾은 마음이라 할지라도, 눈앞에 펼쳐진 다양한 상황에 맞춰 마음을 바르게 사용하지 않으면 안 됩니다. 바를 '정正' 자에 마음 '심心' 자를 쓰는 정심正心 공부는 바로 이처럼 마음을 바르게 쓰는 것을 의미합니다. 정심은 단순히 바른 마음을 가지는 것을 넘어, 어느 한쪽으로 치우치지 않고 중용을 지키며 마음을 사용하는 것을 강조합니다. 마치 저울의 양쪽 끝에 놓인 무게를 균형 있게 조절하듯, 상황에 따라 적절한 마음의 태도를 유지하는 것이 중요합니다.

❁ 나를 향한 질문

"지금 내 마음의 지도는 어떤 풍경을 보여주고 있는가?"

❁ 핵심 요약

- 심학도는 우리 마음의 풍경을 담은 지도로, 스스로를 탐구하고 더 나은 삶으로 나아가는 길을 제시합니다.
- 인심(본능적인 마음)과 도심(이상적인 마음)의 조화로운 균형이 중요합니다.
- 양심(순수한 마음)을 근원으로 삼아, 다양한 마음공부를 통해 자신을 수련해야 합니다.

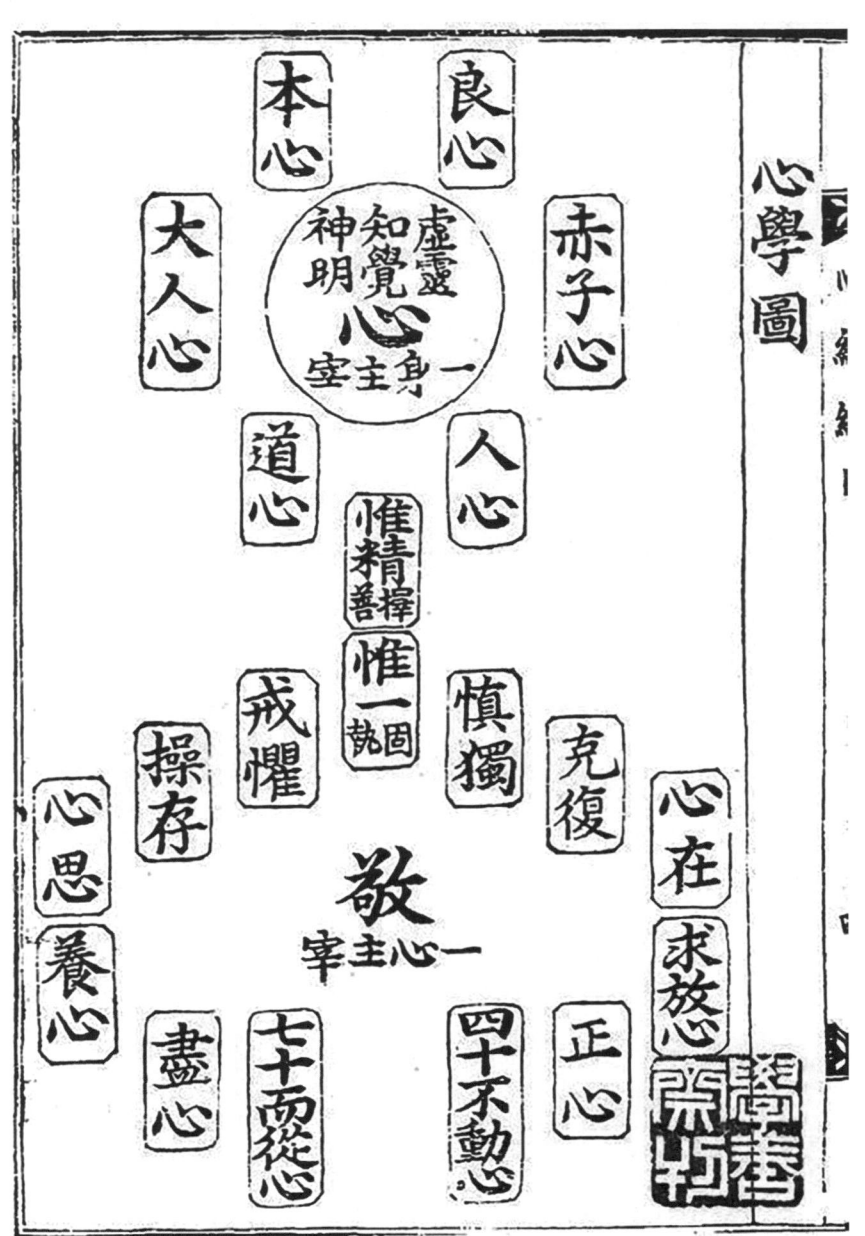

心學圖
내 마음 사용 설명서

아선양오호연지기 我善養吾浩然之氣

나는 나의 호연지기를 잘 기른다.

'호연지기'는 『맹자』「공손추公孫丑 상」편에 나오는 말로, 하늘과 땅 사이에 가득 찬 웅장하고 올바른 기운이라는 뜻으로, 이는 어떠한 어려움에도 흔들리지 않고 당당하며, 세상의 부정한 것에 굴하지 않는 굳건한 정신을 의미합니다.
당신의 '호연지기'를 길러 어떤 상황에서도 당당하게 나아가세요.

혹시 "내 마음은 왜 이렇게 갈대처럼 흔들릴까?", "이 복잡한 감정들을 어떻게 조절해야 할까?" 하고 답답함을 느껴본 적 있으신가요?
'심사心思' 공부는 바로 이 끝없는 질문에 대한 답을 찾아가는 여정과 같습니다. 내 마음은 도대체 어디에 머물고 있는지, 어떻게 하면 제대로 다스릴 수 있는지, 그 본질은 무엇인지 끊임없이 생각하고 탐구하는 것이죠.

마음은 마치 빈 그릇과 같습니다. 무엇을 담느냐에 따라 그 모양과 크기, 색깔, 심지어 가치까지 달라지죠. 그러니 우리 마음이라는 소중한 그릇에 정성을 다해 좋은 것을 담고, 잘 길러나가야 합니다. 우리가 눈을 뜨나 감으나 변함없이 우주에 가득 찬 웅장한 기운, 이것을 '호연지기浩然之氣'라고 부릅니다. 이 호연지기는 바르고 굳센 에너지와 같아서, 꾸준히 바르게 키우지 않으면 마치 텅 빈 배처럼 마음 깊은 곳에서 끊임없는 갈증과 부족함을 느끼게 됩니다. 그렇게 되면 어떤 일을 하든, 어떤 마음을 갖든 자신감 없고 떳떳하지 못하게 되죠. '양심養心' 공부는 바로 이 호연지기를 길러 언제 어디서든 막힘없이 넓고 당당한 마음, 마치 우주와 같은 넓은 마음을 갖게 되는 여정입니다.

세상의 모든 것은 저마다의 '이치理致', 즉 고유한 작동 원리를 가지고 있습니다. 가만히 살펴보면, 눈은 보는 원리, 귀는 듣는 원리, 코는 냄새 맡는 원리, 입은 먹고 말하는 원리를 가지고 있죠. 그렇다면 마음은 어떤 원리를 가지고 있을까요? 마음은 우리 몸에 주어진 모든 기능을 살피고 조절하는 놀라운 능력을 가지고 있습니다. '진심盡心' 공부는 바로 이 마음에 주어진 본래의 능력을 최대한으로 발휘하는 방법을 배우는 것입니다. 마치 악기의 섬세한 조율처럼, 우리 마음의 잠재력을 최대한 끌어올리는 것이죠. 이러한 '계구戒懼', '존심存心', '심사心思', '양심養心', '진심盡心'의 공부 과정을 모두 마치고 도달하는 경지가 바로 공자님이 일컬은 70세의 '종심소욕불유구從心所欲不踰矩'입니다. 이는 마음이 원하는 대로 행동해도 우주의 근본 질서에 어긋나지 않는, 자유롭고 조화로운 마음의 최고 상태를 의미합니다. 마치 숙련된 장인이 자신의 연장을 마음대로 다루듯, 완전히 자유롭게 자신의 마음을 사용하는 경지인 것이죠.

　마음공부의 핵심은 먼저 이 큰 그림을 이해하고, 그 중심에서 잠시라도 흔들리거나 흩어지지 않도록 고도로 집중된 마음과 자세, 즉 '경敬'을 바탕으로 한 단계씩 차근차근 다져나가는 것입니다. 마치 튼튼한 건물을 짓기 위해 기초부터 차근차근 쌓아 올리는 것처럼 말이죠. 이처럼 크게 사람 마음의 여러 갈래를 살펴 자신의 부족한 부분을 채워 나가는 공부를 '심학心學'이라고 합니다.

내 마음을 조화롭게 가꾸는 방법

　'심학도心學圖'라는 마음 지도를 통해 우리는 다음과 같은 중요한 마음 사용법을 배울 수 있습니다.

내 마음 깊숙이 들여다보기 : 지금 내 마음은 어떤 상태인지, 무엇을 갈망하는지 솔직하게 마주해야 합니다.

본래 깨끗한 마음 되찾기 : 세상의 때가 묻은 욕심과 감정에서 벗어나, 순수했던 어린아이의 마음을 회복해야 합니다.

끊임없이 배우고 성장하기 : 낡은 생각에 머무르지 않고, 새로운 지혜를 배우고 익히며 마음의 근육을 키워야 합니다.

마음을 올바른 방향으로 사용하기 : 감정에 휘둘리지 않고, 이성적인 판단과 따뜻한 마음으로 행동해야 합니다.

욕심의 짐 내려놓고 평온 유지하기 : 과도한 욕심은 마음의 짐이 됩니다. 비우고 내려놓음으로써 진정한 평화를 얻어야 합니다.

'심학'은 먼 옛날의 이야기가 아니라 복잡하고 빠르게 변화하는 현대 사회를 살아가는 우리에게도 여전히 깊은 의미와 가치를 지닌 마음의 지혜입니다. 이 지도를 따라가다 보면, 우리는 삶의 진정한 방향을 찾고, 흔들리지 않는 행복을 만들어갈 수 있을 것입니다.

❈ **나를 향한 질문**

"나의 마음은 지금, 어떤 색깔로 물들어 있는가?"

❈ **핵심 요약**

- '심학'은 내 마음의 본질을 탐구하고 다스리는 공부입니다.
- '호연지기'를 키우고, 마음의 본래 능력을 최대한 발휘하는 것이 중요합니다.
- '경'의 마음으로 차근차근 마음을 가꾸어, 조화로운 삶을 살아야 합니다.

懲忿窒慾
내 안의 폭풍과 욕망, 어떻게 잠재울까?

징분질욕 懲忿窒慾

분노를 다스리고 욕심을 억제한다.

『중용』에서는 <희노애락지미발喜怒哀樂之未發 위지중謂之中,
발이개중절發而皆中節 위지화謂之和>라고 하였습니다.
(기쁨, 노여움, 슬픔, 즐거움이 터지기 전에는 중용이고, 터져도 중절에 맞으면 화이다.)
이 말은 마음 수양의 핵심입니다.
치밀어 오르는 분노를 참고, 끝없는 욕심을 제어할 때
비로소 진정한 평온을 얻을 수 있습니다.
스스로 감정과 욕망을 다스리는 것이야말로 흔들림 없는 삶의 기초입니다.

혹시 '욱' 하는 감정을 주체하기 힘들 때나 끝없이 무언가를 갈망하는 자신을 발견할 때가 있으신가요? 완벽한 사람처럼 보이는 군자조차 마음속에서 끊임없이 일어나는 분노와 욕망 때문에 힘들어 한다고 합니다. 이 두 가지 감정은 우리가 올바른 길을 걷는 데 가장 큰 걸림

돌이 되기 때문입니다.

　순간의 분노를 참지 못하거나 욕망에 마음을 빼앗기게 되면 우리는 길을 잃고 후회할 행동을 저지르기 쉽습니다. 그래서 옛 선인들은 잘못을 저지르기 전에 가장 먼저 실천해야 할 중요한 가르침으로 '징분懲忿'과 '질욕窒慾'이라는 이 네 글자를 강조했는데, 여기서 '징분懲忿'은 마치 불이 나기 전에 작은 불씨를 찾아내 미리 끄는 것처럼, 분노가 막 싹트려는 조짐을 알아차리고 다스려 막아내는 것을 의미합니다.

　우리 모두 화를 낼 수 있지만, 중요한 것은 그 분노를 스스로 조절하는 능력입니다. 잘 다스린 분노는 오히려 우리를 긍정적인 방향으로 이끌어 줄 수도 있지만, 걷잡을 수 없이 타오르는 분노는 마치 거대한 산불처럼 모든 것을 파괴할 만큼 위험합니다. 그러므로 애초에 분노의 씨앗을 제거하여 불길이 타오르지 않도록 예방하는 것이 무엇보다 중요합니다.

　'질욕窒慾'은 마치 수도꼭지를 잠가 물이 더 이상 흘러나오지 않도록 막는 것처럼, 인간의 끝없는 욕심과 욕망을 스스로 통제하고 절제하는 것을 의미합니다. 우리의 눈, 귀, 코, 입과 같은 감각기관은 끊임없이 더 좋은 것을 원하고 탐합니다. 하나를 가지면 둘을 원하고, 둘을 얻으면 더 많은 것을 탐하는 것이 인간의 본성일지도 모릅니다.

　하지만 이러한 욕망을 스스로 통제하고 절제하는 일은 결코 쉽지 않습니다. 마치 끝없이 펼쳐진 늪처럼, 한 번 빠지면 헤어 나오기 힘든 것이 바로 욕망의 속성입니다.

『주역周易』에는 덜어내야 할 것과 더해야 할 덕목에 대한 지혜가 담겨 있습니다. 덜어내야 할 가장 중요한 것으로 바로 징분질욕懲忿窒慾, 즉 분노와 욕망을 다스리는 것을 꼽고 있으며, 끊임없이 더해가야 할 덕목으로는 선善, 즉 착한 마음과 행동을 제시합니다. 우리의 행동은 길吉의 좋은 결과, 흉凶의 나쁜 결과, 회悔의 후회, 린吝의 부족함이라는 네 가지 형태로 나타납니다. 이 모든 결과의 근본적인 원인은 바로 우리 자신의 행동에서 비롯됩니다.

작은 행동 하나, 짧은 말 한마디라도 이치에 맞고 상황에 적절하면 좋은 결과를 가져오지만, 이치에 어긋나면 나쁜 결과를 초래합니다. 올바른 길을 따르지 못했던 자신의 행동을 되돌아본다면 후회가 밀려올 것이고, 잘못을 저지르고도 스스로 고치려는 노력을 게을리 한다면 주변 사람들에게 인색하다는 부정적인 평가를 받게 될 것입니다.

좋은 결과 뒤에는 세 가지 부정적인 가능성이 늘 그림자처럼 따라다닙니다. 우리 눈에 가장 먼저 보이는 것은 행동 그 자체이지만, 그 행동이 가져올 결과는 예측하기 어렵고 그 영향력은 매우 큽니다. 그러므로 우리는 매 순간 자신의 행동에 더욱 신중을 기해야 합니다. 결국, 이 가르침은 우리가 성숙한 사람으로 나아가기 위해 분노와 욕망을 다스리는 것이 얼마나 중요한지를 강조하고 있는 것입니다.

우리의 모든 행동은 긍정적인 결과뿐만 아니라 부정적인 결과, 후회, 인색함과 같은 다양한 결과를 가져올 수 있으므로, 항상 신중한 마음으로 자신의 내면을 다스리는 노력을 게을리 하지 않아야 합니다.

❋ 나를 향한 질문

"당신 안의 분노와 욕망은 지금, 어떤 모습으로 당신을 흔들고 있나요?"

❋ 핵심 요약

- 분노와 욕망은 우리가 올바른 길을 걷는 데 가장 큰 장애물입니다.
- '징분'은 분노의 씨앗을 미리 막는 것이고, '질욕'은 끝없는 욕망을 절제하는 것입니다.
- 우리의 행동은 긍정적, 부정적 결과뿐만 아니라 후회와 인색함으로 이어질 수 있으므로 신중해야 합니다.

洋洋慕聖謨
마음 밭에 지혜의 씨를 뿌리다

양양모성모 洋洋慕聖謨
성인의 가르침을 우러르니, 말하고 읽는 것이 모두 공자의 가르침!

이 구절은 성인의 가르침, 특히 공자의 도를
깊이 흠모하고 탐구하는 모습을 생생하게 묘사합니다.
배움의 즐거움에 흠뻑 빠져 모든 언행이 그 가르침을 따르는 경지를 보여주죠.
진정한 배움은 삶 전체를 변화시키는 힘이 있습니다.

혹시 아침에 눈을 뜨자마자, 혹은 잠들기 직전 습관처럼 찾는 것이 있으신가요? 스마트폰, TV… 물론 재미있지만, 잠시 눈을 돌려 책 속에 담긴 깊은 세상에 빠져보는 건 어떨까요? 옛 선비들은 아침에 눈을 뜨면 글을 읽고, 밤에는 읽었던 내용을 곱씹으며 하루를 마무리했다고 합니다.

조선시대 학자였던 허목許穆 선생은 왜 그토록 공자의 글에 빠져들었을까요? 공자의 말씀 속에 우리가 살아가는 데 필요한 모든 지혜, 인생의 해답이 담겨 있다고 믿었기 때문입니다. 공자의 가르침은 단순한 지식 전달을 넘어, 어떻게 살아가야 할지, 사람들과 어떤 관계를 맺어야 할지, 무엇이 옳고 그른지 등 인생의 중요한 질문에 대한 깊이 있는 통찰을 제시합니다. 마치 오랜 세월 변치 않는 별처럼, 시대를 초월하는 보편적인 가치를 지니고 있기 때문입니다.

허목은 자신의 시에서 이렇게 노래했습니다.

洋洋慕聖謨 양양모성모
說讀皆孔子 열독개공자
不知老之至 부지노지지
死而後乃已 사이후내이

넓고 큰 성인의 가르침 너무도 흠모하여
평생토록 읽은 것이 공자의 글
몸이야 늙건 말건 아랑곳없이
죽은 후에야 그만두리라.

이는 넓고 큰 성인의 가르침을 너무나 흠모하여 평생토록 읽고 또 읽은 것이 바로 공자의 글이라는 의미입니다. 늙어가는 것도 잊을 만큼, 죽을 때까지 책을 놓지 않겠다는 그의 열정적인 외침은 독서의 중요성을 우리에게 깊이 깨닫게 해 줍니다.

공자의 가르침은 2,500년이 넘는 시간이 흘렀음에도 불구하고, 여전히 우리에게 깊은 영감과 깨달음을 줍니다. 그것은 공자의 말씀이 스스로를 돌아보고 끊임없이 성장하도록 이끄는 힘을 지니고 있기 때문입니다. 마치 마음의 거울처럼, 책을 읽는 동안 우리는 자신의 내면을 비춰보고, 더 나은 방향으로 나아갈 힘을 얻습니다.

수많은 현인들의 지혜가 담긴 책들이 세상에 존재하지만, 오랜 시간이 흘러도 변치 않는 진리를 꿰뚫어 본 공자의 글은 읽으면 읽을수록 그 의미가 더욱 깊어집니다. 마치 오래된 친구처럼, 책은 우리에게 끊임없이 새로운 이야기를 들려주고, 잊었던 깨달음을 되살려 줍니다. 공자의 가르침이 우리의 마음을 울리는 것은 시공간을 초월하는 깊은 울림 때문일 것입니다.

공자의 가르침은 우리 각자가 가지고 태어난 본성의 참모습을 깨닫게 해 주고, 그 본성에서 우러나오는 진실한 마음을 현실 속에서 어떻게 꽃피워야 하는지 그 방법을 알려줍니다. 인생의 시작과 끝, 나와 너, 그리고 우리 모두가 따라야 할 삶의 본보기를 제시하며, 우리가 어떻게 사람답게 살아가고, 미래 세대에게 어떤 삶의 지혜를 물려줄 수 있는지 그 길을 밝혀줍니다.

이처럼 독서는 우리의 삶을 풍요롭게 하는 가장 소중한 동반자와 같습니다. 허목 선생처럼, 늙어서도 끊임없이 책을 탐구하며 배우는 자세는 독서가 단순한 취미 활동이 아니라, 삶의 깊이를 더하고 끊임없는 성장을 이끄는 핵심적인 활동임을 분명하게 보여줍니다. 공자의 가르침은 과거에도, 현재에도, 그리고 미래에도 변함없이 우리 삶의 나침반이 되어줄 것입니다. 독서를 통해 우리는 지혜를 얻고, 인격을 키우며, 세상을 바라보는 넓고 깊은 눈을 가지게 됩니다.

허목 선생의 시는 우리에게 독서의 중요성을 다시 한 번 강력하게 일깨워줍니다. 바쁜 일상 속에서 책을 읽는 것이 쉽지 않다는 것을 잘 알고 있습니다. 하지만 매일 조금씩이라도 책을 읽는 습관을 들인다면, 우리는 더욱 성숙하고 풍요로운 삶을 살아갈 수 있을 것입니다. 몸은 비록 늙어갈지라도, 배움에 대한 뜨거운 열정으로 늘 빛나던 허목 선생의 모습처럼, 우리 마음 또한 책을 통해 끊임없이 젊음과 지혜를 유지할 수 있을 것입니다.

스스로에게 질문을 던져보세요.
당신의 마음은 지금 어떤 책을 읽고 싶어 하나요?
얼마나 자주 책을 읽고 있습니까?
주로 어떤 분야의 책에 마음이 끌리나요?
독서를 통해 삶에서 어떤 변화와 성장을 기대하고 있나요?

이러한 질문들을 스스로에게 던지고 깊이 생각하는 시간을 갖는다면, 독서를 통해 더욱 풍요롭고 의미 있는 삶을 살아가는 데 큰 도움이 될 것입니다. 지금 바로 당신의 마음을 살찌우는 독서의 여정을 시작해 보세요!

❈ 나를 향한 질문

"나는 나의 마음을 풍요롭게 채워줄 책과 가까워지고자 노력하고 있는가?"

❈ 핵심 요약

- 독서는 삶의 지혜를 얻고, 자신을 성찰하며 성장하는 가장 강력한 도구입니다.
- 시대를 초월하는 고전은 우리에게 깊은 깨달음과 영감을 줍니다.
- 꾸준한 독서 습관은 우리의 삶을 더욱 풍요롭고 의미 있게 만들어 줍니다.

先甲三日 後甲三日
꼼꼼한 준비, 철저한 마무리

선갑삼일 후갑삼일 先甲三日 後甲三日

삼 일 전에, 삼 일 후에

이 구절은 주역에 나오는 말로,
새로운 시작(갑일)을 위해 미리 준비하고(선갑삼일)
그 영향이 오랫동안 지속됨(후갑삼일)을 뜻합니다.
중요한 일을 앞두고 철저히 준비하고,
그 후에도 꾸준히 노력해야만
비로소 성공을 거둘 수 있다는 지혜를 담고 있습니다.

혹시 '선갑삼일先甲三日 후갑삼일後甲三日'이라는 말을 들어보셨나요? 왠지 어렵게 느껴지시죠? 쉽게 말하면, 어떤 일이든 시작하기 전 꼼꼼한 준비와 끝난 후의 철저한 마무리가 중요하다는 가르침입니다. 마치 맛있는 요리를 만들기 전에 재료를 꼼꼼히 준비하고, 다 먹은 후 깨끗하게 정리하는 것과 같은 이치죠.

'모든 일에는 그 일이 벌어지기 전 3일, 벌어진 뒤 3일을 살피는 법.'

『주역』이라는 오래된 책에는 인생의 다양한 상황에 대한 깊은 통찰이 담겨 있습니다. 그중 '고蠱 괘'는 '일'을 상징하며, 우리에게 명확하게 '선갑삼일, 후갑삼일'이라는 중요한 지침을 제시합니다.

여기서 선갑삼일은 어떤 일이 왜 시작되었는지, 그 근본적인 원인을 깊이 생각하고 파악하는 것을 의미합니다. 마치 나무의 튼튼한 뿌리를 확인하는 것처럼요. 그리고 후갑삼일은 그 일이 끝난 후 3일 동안, 그 결과를 꼼꼼히 살펴보고 배우는 점을 찾는 것을 뜻합니다. 마치 시험이 끝난 후 오답노트를 보며 다음 시험을 준비하는 것과 같습니다.

왜 '시작 전 3일, 끝난 후 3일'이 중요할까요?

문제 해결의 실마리를 찾을 수 있어요 : 어떤 문제가 생겼을 때, 눈에 보이는 현상만 붙잡고 씨름하기보다 그 문제가 왜 일어났는지 깊이 파고들면 해결의 실마리가 보이기 때문입니다. 감기에 걸렸을 때 겉으로 보이는 증상인 기침만 멈추게 하는 것이 아니라, 감기의 원인을 찾아 치료해야 다시 재발하지 않는 것처럼요.

미래를 미리 그려보고 대비할 수 있어요 : 어떤 일이 일어난 후, 그 일이 앞으로 어떤 결과를 가져올지 신중하게 예측하고 미리 준비할 수 있기 때문입니다. 마치 오늘 날씨 예보를 보고 내일 비가 올 것에 대비해 우산을 챙기는 것처럼요.

더 똑똑한 결정을 내릴 수 있어요 : 어떤 일의 처음부터 끝까지 꼼꼼하게 살펴보면, 더 신중하고 현명한 판단을 내릴 수 있습니다. 깊이 이해한 후에 내리는 결정은 후회할 가능성이 적어지죠.

우리 삶에 어떻게 적용할 수 있을까요?

문제가 생겼을 때 : 눈앞의 불만 끄려고 허둥대기보다, 왜 이런 문제가 생겼는지 차분히 생각해보고 근본적인 해결책을 찾아보세요.

새로운 목표를 세울 때 : 막연하게 '나도 저렇게 되고 싶다'가 아니라 그 목표를 이루기 위해 무엇을 준비해야 하고 어떤 어려움이 예상되는지 미리 꼼꼼하게 따져보세요.

사람들과 관계가 틀어졌을 때 : 내 입장만 고집하기 전에, 상대방은 왜 그렇게 생각하고 행동했을지 먼저 헤아려보고, 상황을 객관적으로 파악해서 서로 이해할 수 있는 해결책을 찾아보세요.

예전에 주역 강의를 하다가 갑자기 심하게 아팠던 적이 있습니다. 그때 저는 "아, 몸의 병도 그냥 생기는 게 아니구나. 분명 원인이 있고, 그 원인을 제대로 알아야 근본적으로 치료할 수 있겠구나."라는 것을 뼈저리게 느꼈습니다. '선갑삼일 후갑삼일'은 단순한 옛날이야기가 아니라 우리의 삶의 모든 순간에 적용할 수 있는 값진 지혜입니다. 이 지혜를 통해 우리는 더 똑똑하게 문제를 해결하고, 우리가 세운 목표를 더 잘 이루며, 결국에는 더 행복한 삶을 살아갈 수 있을 것입니다.

잠깐, 당신의 삶에 '시작 전 3일, 끝난 후 3일 법칙'을 적용해 볼까요? 스스로에게 질문해 보세요.

최근에 겪었던 어려움의 진짜 이유는 무엇이었을까요?

앞으로 이루고 싶은 목표를 위해 지금부터 무엇을 준비해야 할까요?

지금 내 삶에서 더 나은 발전을 위해 미리 생각해보고 준비해야 할 것은 무엇일까요?

🟦 나를 향한 질문

"최근에 겪었던 어려움이나 문제의 근본적인 원인은 무엇이고, 앞으로 이루고 싶은 목표를 위해 지금부터 어떤 준비를 시작해야 할까? 현재 나의 삶에서 더 나은 발전을 위해 개선해야 할 부분은 무엇일까?"

晦處窮約
세상이 혼란할 때는 물러나 자신을 다스린다

회처궁약 晦處窮約

어둡고 궁핍한 곳에서도 스스로를 단속한다.

이 말은 힘들고 어려운 환경에 처했을 때도
마음을 흐트러뜨리지 않고 스스로 엄격하게 다스리는 태도를 의미합니다.
외적인 조건에 흔들리지 않고
내면의 원칙을 지키는 강인한 정신을 강조하는 지혜입니다.

혹시 주변이 너무 시끄럽고 정신없다고 느껴질 때가 있으신가요? 마치 강한 바람이 불어 모든 것이 흔들리는 것처럼, 세상이 혼란스러울수록 우리는 중심을 잡기가 더 힘들어집니다.

'회처궁약 晦處窮約'은 단순히 어둠 속에 숨는다는 뜻이 아니라 시끄러운 세상에서 잠시 물러나 나만의 조용한 시간을 갖는 것을 의미합니다. 마치 겨울잠을 자는 동물처럼, 어려운 시기일수록 우리는 잠시 멈취 서서 나를 돌아보고 내면의 힘을 키워야 합니다. 특히, 요즘처럼 빠르게 변하는 세상에서는 끊임없이 쏟아지는 정보와 자극 때문에 쉽게 지치고 길을 잃기 쉽습니다. 이럴 때일수록 '회처궁약'의 지혜는 우리에게 정신적인 안정과 진정한 '나'를 찾는 방법을 알려줍니다.

세상이 시끄러워질수록, 마치 잔잔한 호수에 돌멩이가 던져진 것처럼 우리의 마음도 흔들리기 마련입니다. 마치 폭풍우가 몰아치는 바다처럼 사람들의 마음은 불안해지고 서로를 믿지 못하게 될 수도 있습니다.

이럴 때는 잠시 시끄러운 세상을 등지고 조용한 곳으로 가서 숨을 고르세요. 마치 숙련된 낚시꾼이 시끄러운 도시를 떠나 고요한 강가에서 묵묵히 물고기를 기다리듯, 우리도 조용히 앉아 자신을 깊이 들여다보는 시간을 가져야 합니다. 어둠 속에서 조용히 힘을 모으고 내면을 단단하게 만드는 이 시간은, 다시 밝은 빛을 향해 나아갈 수 있는 중요한 준비 과정입니다. 아무리 힘들어도 희망을 잃지 않고 긍정적인 마음을 유지한다면, 분명 다시 맑고 아름다운 날이 찾아올 것입니다.

세상의 조화가 깨지고 사람들이 서로 마음을 나누지 못하면, 자연스럽게 자기만 아는 사람들이 활개를 치며 세상을 어지럽힐 수 있습니다. 이럴 때는 함부로 자신의 능력을 자랑하기보다 겸손하게 행동하는 것이 좋습니다. 마치 해가 지고 어둠이 내리는 강가에서 조용히 낚싯대를 드리우듯, 조용히 때를 기다리세요. 낚시를 하며 시간을 보내듯, 밝은 태양이 다시 떠오를 때까지 묵묵히 기다리십시오. 어둠 속에서 조용히 힘을 키우고 내면을 단단하게 다지는 것은, 혼란스러운 세상에서 당신의 소중한 가치와 믿음을 지키는 가장 현명한 방법입니다.

시끄러운 세상에서 나를 지키는 방법

세상이 어지럽고 혼란스러울수록, 우리는 잠시 멈춰 서서 자신을 깊이 돌아봐야 합니다. 마치 어두운 밤에 홀로 빛나는 등대처럼, 내면의 중심을 잃지 않고 조용히 때를 기다리는 지혜가 필요합니다. 눈앞의 작은 이익을 쫓아 남을 속이거나 이용하는 사람들을 멀리하고, 자신의 능력을 함부로 자랑하기보다는 내 안의 가능성을 조용히 키우고 갈고닦는 소중한 시간을 가져야 합니다. 마치 땅속 깊이 뿌리를 내리는 나무처럼, 인내심을 가지고 묵묵히 기다리면 마침내 어둠이 걷히고 밝은 햇살이 당신을 따뜻하게 비추는 날이 올 것입니다. 그리고 당신은 그날을 위해 더욱 단단하고 성숙한 사람으로 성장해 있을 것입니다.

❀ 나를 향한 질문
"나는 지금 세상의 소리에 귀 기울이는 대신, 내면의 조용한 목소리에 집중하고 있는가?"

❀ 핵심 요약
- 세상이 혼란스러울수록 잠시 물러나 자신에게 집중하는 시간이 필

요합니다.
- 내면의 힘을 키우고 때를 기다리는 지혜가 중요합니다.
- 겸손하게 자신을 갈고닦으며, 긍정적인 마음으로 미래를 준비해야 합니다.

聽於無聲
잠시 정지 버튼을 눌러보세요!

청어무성 시어무형 聽於無聲 視於無形
소리 없음에서 듣고, 형체 없음에서 본다.

이 말은 겉으로 드러나지 않는 본질을 꿰뚫어 보는 통찰력을 의미합니다.
세상의 진리는 눈에 보이는 것, 들리는 것 너머에 있습니다.
고요하고 집중된 마음으로 현상의 이면을 통찰하는 지혜를 추구해야 합니다.

혹시 복잡한 생각 때문에 머릿속이 꽉 막힌 듯한 느낌을 받을 때가 있으신가요? 마치 스마트폰이 버벅거릴 때 재부팅이 필요한 것처럼, 우리 뇌에도 가끔 '정지' 버튼을 눌러주는 시간이 필요합니다. 놀랍게도, 아무 소리도 없는 절대 고요의 시간은 단순한 휴식을 넘어 우리 뇌를 깨끗하게 청소하고 잠자던 창의력을 깨우는 놀라운 힘을 가지고 있다고 뇌과학은 밝히고 있습니다.

최신 연구에 따르면, 명상처럼 고요한 상태를 꾸준히 유지하는 것은 쌓여 있던 스트레스를 효과적으로 날려버리고, 전반적인 행복감을 높이는 아주 과학적인 방법입니다. 마치 시끄러운 음악을 끄고 조용한 나만의 공간에 들어서는 순간, 마음이 편안해지는 것과 같은 효과죠.

바쁜 하루 속에서 우리는 늘 무언가에 집중하고 생각하며 살아갑니다. 하지만 가끔은 모든 것을 잠시 내려놓고, 아무것도 하지 않는 고요한 시간이 절실합니다. 마치 깊은 숨을 쉬듯, 잠시 멈춤으로써 뇌에게도 휴식을 주고 다시 힘을 낼 수 있도록 도와주는 것입니다.

매일 잠자리에 들기 전 딱 10분만 조용한 곳에 앉아 눈을 감고 당신의 숨소리에 집중해 보세요. 천천히 깊게 숨을 들이쉬고, 길게 내쉬면서 어깨와 턱의 힘을 부드럽게 풀어 주세요. 마치 따뜻한 물에 몸을 담그는 것처럼, 편안함이 온몸으로 퍼져나가는 것을 느낄 수 있을 겁니다.

아름다운 숲길을 천천히 걷거나, 맑은 공기를 마시며 잠시 멍하니 앉아있는 것도 깊은 고요함을 경험하는 좋은 방법입니다. 자연의 소리에 가만히 귀를 기울이면, 복잡했던 머릿속이 깨끗하게 정화되는 것을 느낄 수 있을 거예요.

조용한 방에 편안하게 앉아 눈을 감고, 깊고 느린 호흡을 반복하면서 머릿속을 가득 채운 생각들을 하나씩 떠나보내세요. 마치 잔잔한 호수 위로 바람이 지나가듯, 어지러웠던 생각들이 서서히 사라지고 마음 깊은 곳에서부터 차분한 고요함이 밀려오는 것을 경험할 수 있을 겁니다. 마치 넓은 바다 한가운데 떠 있는 작은 섬처럼, 평화로운 상태에 도달하게 되는 것이죠.

눈앞에 아무것도 보이지 않고, 귓가에 어떤 소리도 들리지 않으며, 머릿속에 그 어떤 생각도 떠오르지 않는 순간, 조용히 숨을 들이쉬어 보세요. 잠시 숨을 멈췄다가 천천히 내쉬고, 다시 깊게 들이쉬세요. 또다시 숨을 깊게 들이마시고 잠시 멈춥니다. 몸의 감각도, 머릿속을 떠도는 수많은 생각도, 그 어떤 것도 애써 떠올리거나 생각하려 하지 마세요. 만약 무언가가 떠오른다면, 그저 흘러가도록 내버려 두세요. 모든 것을 비우고 버린 그 고요한 순간, 당신은 마치 다른 세상으로 잠시 여행을 떠나는 듯한 신비로운 경험을 하게 될 것입니다.

마음 깊은 곳에 자리 잡았던 간절한 그리움도, 사무치는 미움도, 가슴 저미는 슬픔도 모두 사라진 절대 고요의 세상! 그 어떤 값비싼 보석과도 바꿀 수 없는, 경험해 보지 않은 사람은 결코 알 수 없는 놀라운 순간을 당신도 맞이할 수 있습니다.

뇌에게 주는 최고의 선물, 고요

절대 고요는 단순히 조용한 상태가 아니라 우리 마음이 완벽하게 평온하고 어떤 잡념도 떠오르지 않는 깊은 내면의 상태를 의미합니다. 마치 깊은 동굴 속처럼, 모든 소리와 생각이 사라진 온전한 침묵의 공간인 것이죠.

천천히 숨을 들이쉬고 잠시 멈추며 몸과 마음을 차분하게 가라앉히는 명상과 같은 연습을 통해 우리는 이러한 고요함을 경험할 수 있습니다. 숨을 쉬는 동안 머릿속에 떠오르는 모든 생각과 감정들을 억지로 없애려 하거나 판단하지 말고, 그저 흘러가도록 내버려 두고 오로지 지금 이 순간에 집중하는 것이 중요합니다.

이러한 고요한 상태는 우리에게 깊은 평온함을 가져다 주고, 마음을 어지럽히는 부정적인 감정들로부터 우리를 자유롭게 해 줍니다. 마치 복잡한 도시를 벗어나 조용한 숲속에서 휴식을 취하는 것처럼, 고요함 속에서 우리는 진정한 '나'를 발견하고 영원한 평화를 맛볼 수 있습니다.

🏵 나를 향한 질문

"나는 오늘 나의 뇌에게 '정지 시간'을 몇 분이나 선물하고자 하는가?"

🏵 핵심 요약

- 절대 고요는 뇌를 재충전하고 창의력을 깨우는 강력한 힘을 가지고 있습니다.
- 규칙적인 명상은 스트레스 해소와 행복감 증진에 과학적으로 효과적입니다.
- 깊고 느린 호흡에 집중하며, 떠오르는 생각을 흘려보내는 연습이 중요합니다.
- 고요함 속에서 우리는 진정한 평화를 얻고 부정적인 감정에서 벗어날 수 있습니다.

제 2 장

관계와 소통의 지혜

故舊不遺
변하지 않는 관계의 소중함

고구불유 故舊不遺

옛 친구를 버리지 않는다.

이 말은 오래된 인연과 우정을 소중히 여기는 것을 의미합니다.
아무리 시간이 지나고 상황이 변해도,
옛 친구와 동료를 잊지 않고 의리를 지키는 것은 군자의 중요한 덕목입니다.
변치 않는 관계의 소중함을 되새겨 보세요.

혹시 정신없이 흘러가는 하루 속에서 문득 오래된 앨범을 펼쳐본 적 있으신가요? 빛바랜 사진 속, 함께 웃고 있는 친구들의 모습이 낯설게 느껴지지는 않으셨나요?

'고구불유故舊不遺'는 '옛 인연을 소중히 여긴다'는 뜻입니다. 즉 의리를 지키고, 옛정을 잊지 않는 덕행을 나타냅니다. 『좌전左傳』에서 유래한 말로서 원문은 '舊國不遺고국불유, 故舊不遺고구불유, 德之厚也덕지후야'입니다. "예전의 나라를 버리지 않고, 옛 친구를 잊지 않으니, 이는 덕이 두터운 것이다."라는 뜻이죠.

'고구불유故舊不遺'는 바로 우리에게, 시간이 흘러도 변치 않는 소중한 존재, 오랜 친구와의 관계를 잊지 말아야 한다고 따뜻하게 이야기합니다.

공자님은 '인仁'이라는 가치를 그 무엇보다 중요하게 생각하셨습니다. 이는 단순히 다른 사람에게 친절을 베푸는 것을 넘어 가족이나 친구처럼 가까운 사람들과의 관계를 진심으로 소중히 여기는 마음을 의미합니다. 특히, 오랜 친구와의 깊은 연결은 우리 삶의 뿌리와 같아서, 이 관계를 소홀히 하면 결국 우리 사회 전체가 메마르고 각박해질 수 있다고 경고하셨습니다.

시간과 공간을 넘어 모든 사람에게 존경받는 성인들은 한결같이 '사람이 사람답게 살아가는 마음', 즉 공자님이 말씀하신 '인仁'을 가장 귀하게 여겼습니다. "인후仁厚하다"는 말처럼, 따뜻하고 너그러운 마음은 가장 가까운 관계에서부터 시작됩니다. 부모님, 형제, 친척에게 진심을 쏟을 때, 그 따뜻함이 주변으로 퍼져나가 온 나라에 인자한 마음이 꽃을 피울 수 있습니다.

반대로, 오랜 친구를 챙기지 않고 소홀히 한다면, 사람들의 마음은 점점 차갑고 모질게 변해갈 것입니다.

우리는 혼자서는 살아갈 수 없기에 다른 사람들과 관계를 맺으며 살아갑니다. 그중에서도 오랫동안 변함없이 마음을 나누며 알고 지내온 친구를 '고구故舊'라고 부릅니다. 우리는 흔히 오래되고 익숙한 것들의 소중함을 잊고 쉽게 소홀히 대합니다.

하지만 시간이 흐를수록 더욱 빛나는 보석처럼, 오랫동안 마음을 나누어 온 친구와의 관계는 그 무엇과도 바꿀 수 없는 소중한 가치입니다. 형식적인 만남만 갖는 친구와 진심으로 속마음을 털어놓을 수 있는 친구는 다릅니다. 당신의 기쁨과 슬픔을 오랜 시간 함께 해 온 소중한 친구를 어찌 함부로 잊고 지낼 수 있겠습니까?

세상이 각박해지고 사람들의 마음이 삭막해지는 이유는, 눈에 보이는 물질적인 풍요만 쫓느라 인간관계라는 삶의 가장 중요한 본질을 놓치고 있기 때문입니다. 오늘 이 의미를 깊이 생각해 본다면, 오랫동안 우정을 쌓아온 소중한 친구를 함부로 소홀히 할 수 없는 이유를 분명히 깨닫게 될 것입니다.

잠깐 멈춰서 당신의 오랜 친구에게 안부를 물어보세요.

우리는 빠르게 변화하는 세상 속에서 많은 것을 버리고 새로운 시작을 쫓습니다. 하지만 모든 것을 다 버려야 하는 것은 아닙니다. 특히 오랜 시간 동안 당신의 곁을 지켜준 친구와의 관계는 어떤 새로운 시작보다 소중하게 지켜야 할 가치입니다. 친구는 단순한 지인이 아닌, 당신의 기쁨을 함께 나누고 슬픔을 기댈 수 있는 소중한 존재입니다. 이러한 소중한 인연을 물질적인 풍요와 바꿀 수는 없습니다. 세상이 아무리 빠르게 변해도, 변치 않는 우정의 가치는 영원할 것입니다.

오늘날 우리는 다시 한 번 소중한 인간관계의 의미 특히, 오랜 친구와의 관계를 깊이 되새겨야 합니다. 서로를 지지하고 함께 성장하는 든든한 우정은, 복잡하고 힘든 세상을 살아가는 우리에게 가장 큰 힘이 되어줄 것입니다. '고구불유故舊不遺'는 단순히 오랜 친구를 잊지 말라는 쉬운 말을 넘어, 인간관계의 본질적인 중요성과 진정한 행복이 어디에서 오는지를 깨닫게 해 주는 깊은 가르침입니다.

오늘, 당신의 마음속에 떠오르는 오랜 친구에게 먼저 따뜻한 안부의 메시지를 보내보는 건 어떨까요? 그리고 그들과의 관계를 얼마나 소중하게 생각하고 있는지 스스로에게 조용히 질문해 보세요. 이 오래된 지혜를 통해 우리는 더욱 따뜻하고 풍요로운 삶을 살아갈 수 있을 것입니다.

❀ 나를 향한 질문
"나의 '오래된 별'은 지금, 어디에서 빛나고 있는가?"

❀ 핵심 요약
- 오랜 친구와의 관계는 우리 삶의 소중한 뿌리이며, 사회를 따뜻하게 만드는 근본입니다.
- 물질적인 풍요보다 마음을 나누는 진정한 우정의 가치를 기억해야 합니다.
- 지금 바로 오랜 친구에게 연락하여 소중한 관계를 다시 한 번 확인하세요.

至近上下通
말없이 마음을 잇는 법

지근상하통 至近上下通
지극히 가까이 있으면서 위 아래로 통한다.

이 말은 지혜로운 소통의 경지를 나타냅니다.
가장 가까운 곳에서부터 시작하여
위 아래의 모든 계층과 막힘없이 소통하는 것을 의미합니다.
진정한 리더십은 가까이 있는 이들과 깊은 이해를 통해
세상과 조화롭게 연결될 때 발휘됩니다.

혹시 친한 친구와 오랫동안 눈빛만으로도 서로의 생각을 알아챈 경험이 있으신가요? 『논어』에는 때로는 쉽고, 때로는 어렵게 느껴지는 공자와 제자들의 이야기가 담겨 있지만, 곱씹어 읽을수록 지금 우리의 복잡한 삶에 놀라운 해답을 제시해 줍니다. 마치 어둠 속에서 길을 잃었을 때, 북극성처럼 삶의 방향을 알려주는 지혜인 것이죠.

우리가 말을 할 때, 때로는 한쪽 이야기만 강조하다 보면 다른 중요한 부분을 놓치기 쉽습니다. 하지만 수천 년을 건너 우리에게 전해져 온 성인들의 말씀은 겉보기엔 평범해 보이나 남녀노소 누구에게나 깊은 울림을 주는 보편적인 진리를 담고 있습니다.

'지근상하통至近上下通'은 성인의 가르침이 시간과 공간을 넘어 모든 사람에게 통하는 보편적인 지혜라는 뜻입니다. '말은 통하기 위한 간절한 몸짓'이라는 말처럼, 우리는 서로의 마음을 나누고 깊이 이해하기 위해 말을 사용합니다. 그리고 성인의 말씀은 바로 이 소통의 목적을 가장 효과적으로 이루도록 이끌어주는 지혜로운 안내서와 같습니다.

우리 모두 입이 있고 마음이 있어서, 마음속 생각을 말로 표현합니다. 하지만 한번 입 밖으로 나온 말은 다시 주워 담을 수 없는 일회성과 같습니다. 결국 우리가 말을 하는 이유는 서로 '통'하기 위해서입니다. 내 마음의 생각을 입을 통해 표현해서, 상대방의 귀를 거쳐 마음까지 전달되기를 바라는 것이죠.

우리는 흔히 말을 잘하는 '소통의 달인'이 되기를 꿈꿉니다. 하지만 정말 중요한 것은 말을 하기 전에 우리의 마음 자세가 바르고 이치에 맞아야 한다는 것입니다. 만약 그렇다면, 굳이 화려한 언변을 뽐내지 않고 조용히 곁에 있는 것만으로도 서로 마음이 '통'하는 놀라운 경험을 하게 됩니다. 이것이 바로 언어적인 표현을 넘어선, 진정한 마음의 소통, 즉 '말 밖의 말이요, 말 너머의 말'이 아닐까요?

때로는 침묵 속에서 더 깊은 이해가 피어나고, 따뜻한 눈빛 하나, 진심을 담은 행동 하나가 백 마디 말보다 더 강력한 소통의 힘을 발휘합니다.

말 없이도 마음이 통하는 놀라운 순간

『논어』에 담긴 성인의 가르침은 시대를 초월하는 깊은 지혜를 선물합니다. 때로는 어렵게 느껴질 수도 있지만, 그 의미를 깊이 생각해 보면 지금 우리가 마주한 삶의 다양한 문제에 대한 해답을 찾을 수 있는 귀한 실마리가 됩니다.

우리가 흔히 꿈꾸는 '소통의 달인'은 단순히 말을 잘하는 사람이 아니라 진심으로 상대방을 이해하고 공감하는 사람입니다. 말을 하기 전에 먼저 마음을 열고 상대방의 입장에서 생각하는 것이 진정한 소통의 첫걸음입니다. 굳이 많은 말을 하지 않아도, 진실된 마음은 침묵 속에서도 상대방에게 고스란히 전달될 수 있습니다. 이것이 바로 언어적인 표현을 넘어선, 마음과 마음이 서로 이해하고 공감하는 진정한 소통입니다. 때로는 백 마디의 말보다 따뜻한 눈빛이나 진심을 담은 행동 하나가 더 큰 울림을 줄 수 있습니다.

성인의 가르침은 복잡한 세상을 살아가는 우리에게 삶의 근본적인 지혜를 알려주는 나침반과 같습니다. 바쁜 일상 속에서도 잠시 멈춰 서서 성인의 말씀을 읽고 그 의미를 되새기는 시간을 갖는다면, 우리는 삶의 올바른 방향을 잃지 않고 더욱 풍요롭고 의미 있는 삶을 살아갈 수 있을 것입니다.

❀ 나를 향한 질문
"나는 오늘, 어떤 말보다 진실한 마음으로 소통을 하고 있는가?"

❀ 핵심 요약
- 성인의 가르침은 시대를 초월하는 삶의 지혜를 담고 있습니다.
- 진정한 소통은 화려한 언변이 아닌, 마음과 마음의 깊은 이해와 공감에서 비롯됩니다.
- 침묵 속의 이해, 눈빛, 진심 어린 행동은 때로는 말보다 더 강력한 소통의 힘을 지닙니다.

遏人慾存天理
의리와 이욕, 인생의 두 갈림길

알인욕 존천리 遏人慾 存天理

사사로운 욕심을 막고 천리(하늘의 이치)를 보존하라.

인욕人慾은 사사로운 이기심을 뜻하고,
천리天理는 우주의 도덕적 본질 또는 인간 본연의 선한 본성을 말합니다.
이 말은 인간의 사사로운 욕심을 절제하고,
하늘이 부여한 본래의 이치와 도리를 따르는 삶의 중요성을 강조합니다.
개인의 욕심에 얽매이지 않고 대의와 원칙을 지킬 때,
진정한 가치와 평화가 온다는 유교적 가르침입니다.

혹시 인생에서 중요한 결정을 앞두고 "어떤 길을 가야 할까?" 고민해 본 적 있으신가요?

마치 갈림길에 선 것처럼, 우리는 매 순간 선택의 기로에 놓이게 됩니다. 오늘 이야기는 바로 '의리義理'와 '이욕利慾'이라는 두 갈래 길에 대한 것입니다.

바른 길과 위험한 길, 당신의 선택은 무엇인가요?

길은 두 갈래, 선택은 오직 하나! 하나는 예나 지금이나 변함없이 옳은 길, 의리義理의 길입니다. 반면에 다른 하나는 달콤한 유혹이 가득하지만 결국 가시에 찔려 상처 입을 수 있는 위험한 길, 이욕利慾의 길입니다.

우리는 태어날 때부터 바른 길을 따르도록 마음속에 나침반을 가지고 태어났다고 합니다. 그 길이 가장 안전하고 편안한 길인데도, 왜 많은 사람들은 그 길을 외면하고 가시덤불 길을 택해 험난한 여정을 떠나는 걸까요? 참으로 안타까운 일입니다.

가시덤불 길을 가다 넘어져 일어나지 못하면서도 끝내 잘못을 뉘우치지 못하는 이유는, 우리의 마음이 순간의 욕심에 흔들리기 때문입니다.

현란한 소리와 아름다운 것에 마음을 빼앗기고, 돈과 이익에 이끌려 높은 자리를 탐하며 자신의 성공만을 쫓다 보면, 우리는 본래의 순수한 자신을 잃어버리기 쉽습니다. 마치 안개 속을 걷는 것처럼, 욕망을 쫓다 보면 하늘의 이치는 희미해지고, 인간 본연의 아름다운 모습은 점점 사라져 갑니다. 그럼에도 불구하고 마음속에는 오직 남보다 더 많은 것을 가지려는 경쟁심만 남아 끊임없이 갈망하게 됩니다. 욕심으로 가득 찬 마음은, 우리가 본래 따라야 할 하늘과 땅의 이치를 깨닫지 못하게 만드니 참으로 안타까운 일입니다!

하지만 다행인 것은, 바른 길인 '의義'는 원래 우리 안에 깊이 뿌리내리고 있어서 쉽게 사라지지 않는다는 것입니다. 언제든 진지하게 자신의 삶을 되돌아보고, 본래 타고난 바른 길을 찾고자 노력한다면, 우리는 어렵지 않게 그 길을 다시 발견할 수 있을 것입니다. 이제 다시 한번 깊이 생각하여, 우리가 현재 걷고 있는 길이 과연 옳은 길인지, 그리고 앞으로 어떤 길을 선택해야 할지 신중하게 고민해 볼 때입니다.

당신의 인생 나침반은 지금 어디를 가리키고 있나요?

의리의 길은 곧 바른길이며, 예나 지금이나 변함없이 우리 모두가 따라야 할 탄탄하고 안전한 길입니다. 반면에 이욕의 길은 겉으로는 달콤한 유혹으로 가득하지만, 결국 우리에게 깊은 상처만을 남기는 위험한 가시밭길과 같습니다. 순간의 쾌락과 이익을 쫓다 보면, 우리는 쉽게 올바른 길을 잃고 후회할 선택을 하게 될 수 있습니다.

우리가 편안하고 올바른 의리의 길 대신 험난한 이욕의 길을 선택하는 이유는 분명합니다. 눈앞의 달콤한 유혹에 눈이 멀어 올바른 판단을 흐리는 욕심 때문입니다. 또한, 남보다 더 많은 것을 가지려는 과도한 경쟁심과, 본래 가지고 있던 착한 마음을 잃고 물질적인 것에 집착하는 어리석음 때문입니다.

그렇다면 어떻게 우리는 의리의 길을 걸어갈 수 있을까요? 가장 먼저 자신의 마음을 깊이 들여다보고, 우리 안에 있는 본래의 착한 마음을 찾아야 합니다. 그리고 끊임없이 배우고 성장하며, 세상의 다양한 지혜를 통해 삶의 올바른 가치관을 확립해야 합니다. 마지막으로, 이기적인 욕심을 버리고 다른 사람을 배려하며 함께 살아가는 삶을 실천해야 합니다. 이 세 가지를 늘 마음속에 새기고 꾸준히 노력한다면, 우리는 자연스럽게 의리의 길을 선택하고 걸어갈 수 있을 것입니다.

결국 이 이야기는 우리에게 인생의 중요한 순간, 과연 어떤 길을 선택해야 할지에 대한 깊은 질문을 던집니다. 우리는 끊임없이 자신을 돌아보며, 진정으로 올바른 길을 선택하고 그 길을 굳건히 걸어가기 위해 노력해야 합니다. 비록 의리의 길이 때로는 힘들고 어려울 수도 있지만, 결국에는 진정한 행복과 깊은 만족감을 얻는 삶으로 우리를 인도해 줄 것이라고 믿습니다.

"나는 지금 어떤 길을 걷고 있나?"
"나는 어떤 삶을 살고 싶나?"
"어떤 가치관을 가지고 살아가고 싶나?"

우리는 이러한 질문들을 통해 자신을 깊이 성찰하고, 더 나은 삶을 위한 첫걸음을 내딛을 수 있을 것입니다.

✦ 나를 향한 질문

"나의 마음속 나침반은 지금, 의리와 이욕 중 어느 방향을 가리키고 있는가?"

❀ 핵심 요약

- 의리는 바른길, 이욕은 위험한 길임을 명심해야 합니다.
- 순간의 욕심에 흔들리지 않고, 본래의 착한 마음을 따라야 합니다.
- 끊임없는 성찰과 배움을 통해 의로운 삶을 선택하고 실천해야 합니다.

修辭立誠
말 한마디가 세상을 바꿀 수도 있다면?

수사 입기성 修辭 立其誠

말을 닦아라! 참된 마음의 출입구가 되니….

이 말은 단순히 말을 아름답게 다듬는 것을 넘어,
말 속에 진실과 성실함을 담아야 함을 강조합니다.
겉으로 번지르르한 수사보다는 진심이 담긴 말이
사람의 마음을 움직이고 신뢰를 얻는다는 지혜입니다.
당신의 말에 진정성을 담으세요.

혹시 무심코 던진 돌멩이가 호수에 큰 파문을 일으키듯, 당신의 말 한마디가 예상치 못한 놀라운 힘을 가질 수 있다는 것을 알고 계신가요? 때로는 가벼운 농담이 누군가에게 깊은 상처를 남기기도 하고, 때로는 진심 어린 따뜻한 위로가 절망에 빠진 사람에게 큰 용기를 주기도 합니다. 이처럼 말은 단순한 의사소통의 도구를 넘어, 개인의 삶은 물론 더 나아가 세상을 긍정적인 방향으로 변화시키는 강력한 힘을 지니고 있습니다. 그러므로 우리는 신중하게 생각하고 건넨 말 한마디로 주변 사람들에게 따뜻한 영향을 주고, 더 아름다운 세상을 만들어 나가는 데 기여할 수 있습니다.

'수사입성修辭立誠'은 『주역』에 나오는 〈修辭立其誠수사입기성, 所以成其德也소이성기덕야〉에서 비롯된 말로 '말(문장)을 닦음으로써 성실함을 확립하고, 이것이 덕을 이루는 수양의 길'이라는 뜻입니다.

말을 다듬고 수양하여 진실에 이르는 길은 언제 어디서나 우리에게 중요한 가르침을 줍니다. 마음이 흐트러진 상태에서 나오는 거친 말은 듣는 사람에게 깊은 상처를 주고, 결국 부메랑처럼 돌아와 오랫동안 말하는 사람의 마음까지 괴롭히는 아픔으로 남게 됩니다. 그러므로 감정을 앞세워 함부로 말을 내뱉기 전에, 차분하고 정갈하게 다듬는다면 저절로 진실된 마음의 경지에 이르게 됩니다. 이보다 더 값진 공부가 어디 있을까요?

공경하는 마음으로 내면을 바르게 수양하고, 정의로운 마음가짐과 행동으로 겉모습까지 단정하게 가꿀 때, 비로소 참으로 훌륭한 삶을 이루어낼 수 있습니다. '말 한마디에 천 냥 빚 갚는다'는 속담처럼, 신중하게 언어를 사용하는 것은 곧 인생을 배우는 가장 기본적인 첫걸음이라고 감히 말씀드리고 싶습니다. 인간의 모습이 생겨나기 훨씬 이전부터 세상의 이치는 이미 존재했습니다. 아! 이 근원적인 하늘의 이치를 마음 깊이 새기고, 세상 속에서 정의로운 삶을 실현하며 살아가고 싶습니다.

우리의 마음은 때때로 억누를 수 없이 강렬한 감정으로 밖으로 뛰쳐나가려는 충동을 느낍니다. 제대로 걸러지지 않은 채 밖으로 표현되는 그 마음의 실체는! 때로는 다른 사람을 웃고 울게 만들기도 하고, 때로는 깊은 원망을 사기도 하며, 때로는 갚을 수 없는 큰 은혜를 쌓기도 합니다. 우리의 눈과 귀를 통해 들어오고, 몸짓으로 기억 속에 저장된 크고 묵직한 마음의 덩어리는, 그 무게와 길이를 정확히 헤아릴 수는 없지만, 때로는 날카로운 비수가 되어 다른 사람의 가슴을 찌르고, 때로는 따뜻한 바람이 되어 훈훈한 세상을 만들어갑니다! 그것이 바로 우리의 마음이며, 그 마음이 밖으로 표현되는 것이 바로 [말]입니다.

녹음된 말을 듣고 따라 하기도 하고, 깊은 감동을 받기도 하며, 때로는 그 사람의 삶 전체를 옥죄는 올가미가 되기도 합니다. 이 얼마나 무섭고도 놀라운 일인가요? 말 한마디의 무게, 말의 힘은 우리가 생각하는 것보다 훨씬 더 크고 강력합니다.

당신의 언어 습관을 되돌아보세요.

말은 우리의 생각과 마음을 고스란히 담아내는 그릇이며, 때로는 세상을 변화시키는 강력한 도구가 됩니다. 단순한 소리의 나열이 아닌, 우리의 진심을 담아 신중하게 건넨 긍정적인 말 한마디는 개인과 사회를 더욱 밝고 아름답게 만드는 놀라운 씨앗이 될 수 있습니다. 그러므로 우리는 항상 자신의 언어 습관을 되돌아보고, 시끄럽고 혼란스러운 상황일수록 더욱더 신중하게 말해야 합니다. 말을 아끼고 조심하는 것은 성숙한 인격으로 나아가는 중요한 첫걸음이며, 우리 주변의 사람들과 더불어 살아가는 세상을 더욱 따뜻하게 만드는 소중한 실천입니다.

❀ 나를 향한 질문
"나의 말은 지금, 어떤 온도로 세상을 향하고 있는가?"

❀ 핵심 요약
- 말은 단순한 소통 수단을 넘어, 개인과 세상을 변화시키는 강력한 힘을 지닙니다.
- 신중하게 다듬어진 진실한 말은 긍정적인 영향력을 발휘합니다.
- 감정을 앞세운 거친 말은 상처를 남기고, 자신에게도 부정적인 결과를 초래합니다.
- 말을 아끼고 신중하게 사용하는 것은 성숙한 인격으로 나아가는 중요한 첫걸음입니다.

內省不疚
당신의 어두운 비밀

내성불구 內省不疚, 인필지지 人必知之
내면을 반성하여 거리낌이 없다면, 어찌 근심하거나 두려워하겠는가?
그 사람의 진심은 남들도 반드시 알게 된다.

자신을 깊이 성찰하여 부끄러움이 없을 때,
그 떳떳함은 만천하에 드러나게 됩니다.
내면의 정직함과 양심에 거리낌 없는 삶이야말로
모든 이가 알아야 할 진정한 가치임을 이 두 경구가 함께 말해 줍니다.

혹시 "이 정도 잘못은 아무도 모를 거야."라고 생각하며 슬쩍 넘어가려 했던 적은 없으신가요? 마치 해와 달이 구름에 가려 잠시 모습을 숨기듯, 우리의 잘못 또한 언젠가는 밝혀지기 마련입니다. 지금 당장은 아무도 모른다고 안심할지라도, 저지른 일은 고스란히 우리 마음 깊은 곳에 남아 끊임없이 불안과 불편함으로 되돌아올 수 있습니다.
"설마 누가 알겠어?"라고 스스로를 속이며 했던 행동들, 우리에게도 분명 있었을 겁니다. 하지만 공자님은 "하늘은 모든 것을 보고 있다."라고 엄중하게 말씀하셨습니다. 아무도 보거나 듣지 못한다고 함부로 단정 짓지 마세요. 우리가 미처 인식하지 못하는 사이에도, 세상에는 우리의 모든 행동을 꿰뚫어 보는 눈이 존재하며, 양심의 소리는 늘 우리 곁을 맴돌고 있습니다.

공자님은 제자들이 자신의 잘못을 솔직하게 지적해 주는 것을 오히려 고맙게 여기셨습니다. 이는 다른 사람의 따끔한 충고를 통해 스스로의 부족한 점을 객관적으로 깨닫고, 더욱 성숙한 사람으로 나아갈 수 있는 소중한 기회로 삼으셨기 때문입니다.

"사람은 자신의 행동에 대해 책임을 져야 한다"는 이 가르침은 억지로 남에게 잘 보이려는 피상적인 행동을 의미하는 것이 아닙니다. 오히려 자신의 모든 행동에 대한 책임을 깊이 느끼고, 끊임없이 스스로를 갈고 닦아 더 나은 사람이 되려는 능동적인 자세를 강조하는 것입니다.

우리 또한 공자님의 가르침을 따라 자신의 잘못을 솔직하게 인정하고, 과감하게 그것을 바로잡기 위해 끊임없이 노력해야 합니다. 아무리 작은 실수일지라도 가볍게 넘기지 않고, 깊이 반성하며 더 나은 방향으로 나아가려는 겸손한 마음이 무엇보다 중요합니다. "매일매일, 자신의 잘못을 하나씩이라도 줄여나가자!"라는 간절한 외침처럼, 우리 또한 하루하루 조금씩이라도 더 나은 사람이 되기 위해 꾸준히 노력해야 합니다.

 오늘 하루, 우리는 어떤 잘못을 저질렀을까요? 그리고 그 잘못을 깨닫고, 다시는 반복하지 않기 위해 어떻게 고쳐나가야 할까요? '인필지지人必知之'의 깊은 가르침을 마음속에 새기고, 자신의 행동을 되돌아보며, 더욱 성숙한 사람으로 나아가기 위한 의미 있는 첫걸음을 내딛어 봅시다.

 우리의 잘못이 잠시 감춰지는 것은 마치 해가 달에 가려지는 일식이나 달이 지구 그림자에 가려지는 월식과 같습니다. 하늘의 밝은 빛이 잠시 어둠에 가려지지만, 시간이 지나면 다시 본래의 찬란한 모습으로 돌아오듯이 우리의 잘못 또한 언젠가는 그 실체를 드러내게 됩니다. 마치 역사 속에 일식과 월식의 기록이 고스란히 남아 있듯이, 우리 또한 자신의 모든 잘못을 일일이 기억할 수는 없을지 모릅니다.
 하지만 스스로 잘못된 점을 깨닫고, 끊임없이 고치고 반성하여 같은 잘못을 되풀이하지 않도록 노력하는 것, 비록 어렵고 힘든 길일지라도, 이것이야말로 진정으로 앞으로 나아갈 수 있는 유일한 길입니다. 당신의 비밀은, 결국 당신 마음속에서 가장 먼저 드러날 것입니다.

❈ 나를 향한 질문

"내 마음속의 어둠은 지금, 나에게 어떤 말을 걸고 있는가?"

✤ 핵심 요약

- 우리의 잘못은 언젠가 드러나며, 마음속에 깊은 불안과 죄책감을 남깁니다.
- 하늘은 모든 것을 보고 있으며, 우리는 자신의 행동에 책임을 져야 합니다.
- 잘못을 솔직히 인정하고 고치려는 노력이 성숙한 사람으로 나아가는 길입니다.
- 숨겨진 잘못은 결국 드러나듯, 진실을 외면하지 않고 마주해야 합니다.

狂而不直
재능은 빛나지만

광이부직 狂而不直, 동이불원 侗而不愿,

공공이불신 悾悾而不信, 오부지지의 吾不知之矣

겉으로는 열정적이면서 정직하지 않고, 순박해 보이면서 공손하지 않으며,

성실해 보이면서도 믿음이 없는 사람을 나는 알 수 없다.

이 말은 행동은 거침없고 자유롭지만,

그 안에 올곧은 원칙이나 진실함이 부족함을 지적합니다.

겉으로 드러나는 기상만큼 내면의 바른 도리 또한

중요함을 일깨워 주는 지혜입니다.

혹시 주변에 뛰어난 재능을 가진 사람을 보며 감탄한 적 있으신가요? 마치 밤하늘의 별처럼 빛나는 재능은 감탄을 자아내지만, 만약 그 빛이 정직함이라는 굳건한 반석 위에 세워지지 않았다면 어떻게 될까요? '광이부직 狂而不直'은 『논어』「태백」편에 나오는 말입니다. '미친 듯 열정적으로 행동하더라도 정직하지 않다면 아무것도 이룰 수 없다'는

이 가르침은 우리 삶의 중요한 방향을 제시해 줍니다.

하늘은 이 세상에 모든 것을 내놓을 때, 사람마다 사물마다 각기 다른 쓰임새와 고유한 재능을 부여했습니다. 마치 말이 넓은 들판을 힘차게 달리는 데 재능이 있고, 날카로운 이빨을 가진 개가 집을 굳건히 지키는 데 뛰어난 것처럼, 우리 또한 각자에게 주어진 특별한 재능을 발견하고 발전시켜야 합니다. TV 속에서 놀라운 재능을 뽐내는 사람들을 보며 감탄할 때도 있지만, 잊지 말아야 할 것은 우리 모두에게 저마다의 빛나는 재능이 있다는 것입니다.

원래 사람은 누구나 빛나는 장점을 가지고 태어납니다. 하지만 그림자처럼 따라다니는 단점 또한 존재하죠. 하늘은 이러한 불완전함을 보완할 수 있도록 우리 각자에게 다양한 가능성을 열어두었습니다. 어찌 단점만 있고 장점은 전혀 없을 수 있겠습니까? 중요한 것은 자신에게 주어진 장점과 단점을 주의 깊게 살펴, 장점은 더욱 발전시키고 단점은 꾸준히 보완해 나가는 것입니다. 이것이 바로 우리 삶의 중요한 숙제가 아닐까요?

'광이부직狂而不直'은 단순히 재능이 있어도 정직하지 않으면 안 된다는 뜻을 넘어섭니다. 여기서 '미칠 광狂' 자는 걷잡을 수 없는 정신이상을 의미하는 것이 아니라, 그 사람의 꿈과 열정이 너무나 크고 혁신적이어서 당시의 세상에서는 쉽게 이해받거나 받아들여지지 않는 상황을 비유적으로 표현한 것입니다. 그의 생각과 주장은 때로는 주변 사람들의 이해 수준을 넘어설 수 있지만, 그에게는 '정직함'이라는 가장 귀한 장점이 있어야 합니다.

  만약 뜨거운 열정은 있지만 정직함마저 없다면, 이는 더 이상 희망을 찾기 어려운 심각한 상황을 의미합니다. 이러한 가르침을 통해 우리는 자신의 강점과 약점을 객관적으로 파악하고, 이를 바탕으로 삶의 질을 꾸준히 개선해 나가야 한다는 중요한 사실을 깨달을 수 있습니다. 자신의 꿈을 향해 열정적으로 노력하는 것도 중요하지만, 그 과정에서 결코 정직함이라는 소중한 가치를 잃지 않는 것이 얼마나 중요한지 다시 한 번 되새겨야 합니다.

당신의 재능에 진실이라는 날개를 달아 주세요.

  '광이부직'이라는 이 가르침은 단순한 비판이 아니라 우리에게 올바른 삶의 방향을 제시하는 귀한 지혜의 말씀입니다. 이 소중한 가르침을 마음 깊이 새기고, 우리 삶의 모든 순간에 적극적으로 적용하고 실천한다면, 우리는 더욱 성숙하고 발전된 사람으로 성장해 나갈 수 있을 것입니다. 당신의 빛나는 재능에 정직함이라는 날개를 달아, 더욱 높고 멀리 날아오르시기를 바랍니다.

❈ 나를 향한 질문

"나의 재능은 지금, 어떤 마음으로 세상을 향하고 있는가?"

❈ 핵심 요약

- 우리 모두에게는 고유한 재능이 있으며, 이를 발견하고 발전시켜야 합니다.
- 자신의 강점과 약점을 파악하고, 단점을 보완하며 장점을 키워나가야 합니다.
- 아무리 뛰어난 재능이 있어도 정직함이 없다면 그 가치를 잃게 됩니다.
- 열정적인 노력과 함께 정직함을 지키는 것이 성공적인 삶의 중요한 열쇠입니다.

同病相憐
마음이 통하는 사람들과 함께라면

동병상련 同病相憐

같은 병을 앓는 사람끼리 서로 가엾게 여긴다.

이 말은 비슷한 처지에 놓인 사람들끼리
서로의 아픔을 더 잘 이해하고 공감한다는 뜻입니다.
어려운 상황에서 서로를 위로하고 돕는 따뜻한 마음을 나타냅니다.
힘든 시기에 함께하는 연대의 중요성을 일깨웁니다.

혹시 혼자서는 엄두가 나지 않았던 일도, 마음 맞는 친구들과 함께라면 용기가 샘솟았던 경험이 있으신가요?

'동同 타령'은 바로 마음이 통하는 사람들과 손잡고 함께 나아갈 때, 어떤 꿈이라도 이룰 수 있다는 벅찬 희망을 노래하는 아름다운 시입니다.

"마음이 같아야 진정한 벗이 될 수 있지."

사람들은 왜 서로 다투고 멀어지는 걸까요? 아마도 서로 생각하는 것이 다르고, 각자 바라는 길이 다르기 때문일 겁니다.

 하지만 마음이 같고 뜻이 같은 사람들과 함께라면, 우리는 진정한 벗이 될 수 있습니다. 뜻이 같아야 꿈을 이루고, 정의로운 마음이 같아야 진정한 친구가 될 수 있는 것이죠!

 소리가 같으면 서로 화답하고, 기운이 같으면 서로 느끼는 것처럼, 마음이 통하는 사람들은 서로에게 깊은 울림을 줍니다.

 하지만 안타깝게도, 같은 지위에 오르면 서로 밟고 올라서려 하고, 같은 아름다움 앞에서는 질투의 눈빛을 보내기도 합니다. 이익 앞에서는 쉽게 등을 돌리지만, 어려움 속에서는 함께 기대어 살아갑니다. 궂은일에는 쉽게 모여들지만, 좋은 일에는 시기하고 질투하는 마음이 생겨나기도 합니다.

 아, 푸른 하늘이여! 우리는 어떻게 살아야 당신과 함께 웃을 수 있을까요? '마음 같기를' 노래하며 구름 낀 하늘을 하염없이 바라보아도, 하늘은 말없이 그저 웃을 뿐입니다.

 하지만 진실은 하나입니다. 그 참된 마음을 굳게 간직할 때, 둘이든 열이든, 아니 수많은 사람들이라도 그 뜻은 하나가 됩니다. 그 어떤 힘과 권력도 이 마음의 단단한 결속을 막을 수는 없을 것입니다.

마음이 통하는 사람들과 함께라면

'동타령'은 마음이 통하는 사람들과 서로 협력하며 살아가는 세상에서, 서로의 진심을 나누고 함께 어려움을 헤쳐 나가는 것이 얼마나 소중한지를 아름다운 시구詩句로 노래합니다. 진정한 마음으로 서로를 대하고 힘을 합칠 때, 우리는 더욱 행복하고 아름다운 세상을 만들 수 있으며, 혼자서는 상상하기 어려웠던 어떤 꿈이라도 함께 하면 이룰 수 있다는 것을 이 시는 강력하게 이야기합니다.

❀ 나를 향한 질문
"나의 마음과 하나 되어 꿈을 향해 나아갈 친구가 있는가?"

❀ 핵심 요약
- 마음이 통해야 진정한 벗이 될 수 있으며, 함께 꿈을 이룰 수 있습니다.
- 이익 앞에서는 멀어지기 쉽지만, 어려움 속에서 함께하는 것이 진정한 관계입니다.
- 참된 마음을 굳게 간직할 때, 어떤 어려움도 함께 이겨낼 수 있습니다.
- 마음이 통하는 사람들과 협력할 때, 더욱 행복하고 아름다운 세상을 만들 수 있습니다.

不速之客
불청객을 대하는 마음

불속지객 不速之客

초청하지 않았음에도 찾아온 손님.

이 말은 예고 없이 찾아온 손님이나 불청객을 뜻합니다.
때로는 갑작스러운 방문이 불편함을 주기도 하지만,
예상치 못한 만남이 새로운 기회나 인연으로 이어지기도 합니다.
삶에는 불시에 찾아오는 인연도 있습니다.

혹시 예상치 못한 손님 때문에 당황했던 경험 있으신가요? 반가운 손님일 수도 있지만, 때로는 불편하거나 곤란한 상황을 몰고 오는 불청객일 수도 있습니다. 가족 사이에서 벌어지는 갑작스러운 다툼, 직장상사와의 불편한 충돌, 예상 못한 질병처럼 우리의 일상에는 예기치 않은 일들이 불쑥 찾아오곤 합니다. 이럴 때, 우리는 어떻게 슬기롭게 대처해야 할까요?

갑작스러운 불청객을 맞이했을 때, 당황스럽고 짜증나는 감정이 드는 건 당연합니다. 앞으로 어떻게 될지 몰라 불안하기도 하고, 괜히 에너지만 낭비하는 건 아닌지 걱정스러울 수도 있죠.

하지만 이런 부정적인 감정에 휩싸이면, 상황을 제대로 판단하고 이성적으로 대처하기가 더 어려워집니다.

그렇다고 불쑥 찾아온 손님을 무작정 내쫓을 수도 없는 노릇입니다. 이럴 때, 마음을 바꿔 긍정적으로 생각해 보는 건 어떨까요? 어쩌면 이 불청객이 우리에게 소중한 성장의 기회를 선물해 줄 수도 있습니다.

힘든 시간을 잘 헤쳐 나가는 과정 속에서 우리는 더욱 단단해지고 지혜로워질 수 있습니다. 예상치 못한 불청객과의 만남을 통해 얻는 값진 경험들은, 앞으로 우리가 살아가면서 마주할 수많은 어려움을 극복하고 더 성숙한 사람으로 나아가는 데 든든한 밑거름이 될 것입니다.

갑작스레 찾아온 불청객이 즐거운 소식을 가져올 수도 있고, 슬픈 소식을 전할 수도 있습니다. 때로는 우리를 화나게 만드는 골치 아픈 존재일 수도 있죠.

이럴 때 우리는 어떻게 대처해야 할까요? 함부로 대하면 결국 우리 자신만 힘들어지고, 그렇다고 마냥 잘 대해 주자니 억울한 마음이 들 수도 있습니다.

이럴 때 가장 중요한 것은 '공경(敬)'하는 마음으로 그들을 맞이하는 것입니다! 여기서 공경은 단순히 예의 바르게 대하는 것을 넘어, 그 상황 자체를 존중하는 더 깊은 의미를 담고 있습니다. 우리를 불편하게 만들고 힘들게 하는 상황일지라도, 그 안에서 우리가 배우고 성장할 수 있는 기회를 찾아야 한다는 것이죠.

마음이 흔들리지 않고 차분하게 최선을 다하는 자세를 잊지 마세요. 마음이 평온하면 두려움이나 불안함에 휘둘리지 않고, 침착하게 상황에 대처할 수 있습니다. 또한, 불필요한 감정적인 반응을 줄여 상황을 더 악화시키지 않을 뿐 아니라 오히려 긍정적인 해결책을 찾는 데 도움이 될 것입니다. 마치 어두운 터널을 빠져나가는 것처럼, 처음에는 답답하고 막막할 수 있지만, 인내심을 가지고 불청객을 지혜롭게 대하는 것이 결국 어려움을 극복하고 성장하는 시작점이 될 것입니다.

예상치 못한 손님에게 배우는 삶의 지혜

갑자기 찾아온 불청객에게 불편한 감정을 느끼기보다 공경하는 마음으로 차분하게 대하는 것이 중요합니다. 여기서 공경은 단순히 예의를 갖추는 것을 넘어, 진심으로 상대방을 존중하고 상황을 원만하게 해결하려는 적극적인 태도를 의미합니다.

이러한 공경하는 마음은 불필요한 갈등을 줄이고 상황을 침착하게 처리하는 데 도움이 되며, 우리 자신에게도 평정심을 유지하고 냉철하게 판단할 수 있는 기회를 제공합니다. 또한, 불청객과의 만남을 통해 새로운 관점을 얻거나 예상치 못한 성장의 발판을 마련할 수도 있습니다. 즉 불청객에 슬기롭게 대처하는 능력은 우리가 살아가면서 마주하는 수많은 어려움을 극복하고, 더 나은 방향으로 나아가는 데 중요한 힘이 될 것입니다. 예상치 못한 손님을 맞이하는 우리의 태도에 따라, 그들은 단순한 불청객이 아닌, 우리를 성장시키는 소중한 스승이 될 수도 있습니다.

❀ 나를 향한 질문
"불쑥 찾아온 불청객에게, 나는 어떤 마음의 문을 열어줄 것인가?"

❀ 핵심 요약
- 예상치 못한 불청객에게 당황하거나 부정적인 감정에 휩싸이기보다 공경하는 마음으로 대하는 것이 중요합니다.
- 공경은 단순한 예의를 넘어, 상황을 존중하고 긍정적인 해결책을 찾으려는 적극적인 자세입니다.
- 불청객과의 만남은 우리에게 성장의 기회를 제공하며, 더 나은 사람으로 나아가는 발판이 될 수 있습니다.
- 마음의 동요 없이 차분하게 최선을 다하는 자세가 중요합니다.

제 3 장

역사와 고전에서 배우는 삶의 지혜

實理實心
어느날 문득, 길을 잃었다고 느꼈다면

실리실심 實理實心
이치에 있어 참되고, 마음에 있어서도 진실하다.

이 말은 거짓 없이 진실한 이치로 자신의 마음을 다스려야 함을 강조합니다.
겉으로만 번지르르한 이론이 아닌,
실제적이고 참된 도리로 내면을 가꾸고 성찰해야 한다는 지혜입니다.
진실된 마음만이 진실된 이치를 깨닫습니다.

혹시 끝없이 이어지는 길을 걷는 듯, 어디로 가야 할지 막막하게 느껴질 때가 있으신가요? 우리는 모두 드넓은 하늘 아래 살아가고 있습니다. 율곡 이이가 우리의 모든 행동을 하늘이 지켜보고 있다고 말씀하셨던 것은 밤하늘의 수많은 별들이 우리의 길을 비춰주듯, 우리는 항상 올바른 행동을 해야 한다는 가르침입니다.

잠시 조용히 앉아 자신을 돌아보는 시간을 가져보세요. 복잡한 세상의 소음에서 벗어나, 당신의 마음을 깨끗하게 정화하고 본래의 순수한 모습을 발견하는 소중한 시간이 될 것입니다. 마치 흐르는 물이 고요한 호수에 이르러 맑아지듯, 우리의 마음도 침묵 속에서 비로소 본성을 깨닫고 삶의 참된 의미를 찾을 수 있습니다.

율곡은 "실리實理와 실심實心이 있노라."라고 말씀하셨습니다. 이는 세상의 근본적인 이치와 우리의 본래 마음, 곧 우주의 마음이자 우주 본연의 이치를 의미합니다. 이 모든 것을 깨닫고 다스리는 존재를 우리는 다양한 이름으로 부릅니다. 상제上帝, 부처, 예수, 하느님…. 그 이름은 다를지라도, 전지전능한 삼라만상의 주재자는 결국 하나입니다. 저는 감히 그분을 [하늘]이라고 부르고 싶습니다.

그 [하늘]은 항상 저를, 그리고 당신을 지켜보고 계십니다. 아무리 교묘하게 행동한다 해도 사람의 눈은 속일 수 있을지 모르지만, 하늘의 눈은 결코 피할 수 없습니다. 이러한 믿음으로 선현들께서는 '신독愼獨'이라는 두 글자로 하늘을 대하는 우리의 자세를 가르쳐 주셨습니다. 홀로 있을 때조차 하늘을 의식하며 얼마나 두렵고 조심스럽게 행동해야 하는 자리인지 생각해 보십시오. 그 신독 공부는 바로 차분히 앉아 자신을 돌아보는 '정좌靜坐'로부터 시작됩니다. 모든 걱정과 불안을 잠시 내려놓고 바르게 앉아 하늘의 이치와 가르침, 그리고 우주의 주재자의 참된 모습을 조용히 살펴보는 일은, 때로는 마음이 평온하고 행복하지만, 동시에 두렵고 엄숙한 경험입니다. 오늘도 저는 정좌하며 제 삶의 본질을 찾아가는 하루를 시작하려 합니다.

혼란한 세상에서 나를 지켜주는 율곡의 지혜

율곡 이이는 하늘이 세상 모든 것을 다스리는 힘이며, 우리의 모든 행동을 하늘이 지켜보고 있다고 가르치셨습니다. '신독'이라는 말씀을 통해, 다른 사람이 보지 않는 홀로 있는 시간에도 항상 하늘을 의식하며 신중하게 행동해야 한다고 강조하셨습니다. 마치 밤하늘의 별처럼, 우리는 항상 깨어있는 양심으로 스스로를 비춰봐야 합니다.

정좌를 통해 마음을 차분하게 가다듬고 하늘의 이치를 깊이 생각하는 것은, 하늘과 소통하는 가장 좋은 방법입니다. 이는 단순히 몸을 가만히 두는 것이 아니라, 자신의 본성을 깨닫고 참된 자아를 찾아가는 깊고 의미 있는 과정입니다. 우리는 모두 하늘 아래 살고 있으므로, 율곡의 가르침처럼 하늘과 끊임없이 소통하며 더욱 바르고 의미 있는 삶을 살아가도록 노력해야 합니다. 혼란스러운 세상 속에서 길을 잃었다고 느껴질 때, 잠시 멈춰 서서 하늘을 바라보세요. 그리고 당신 안의 율곡의 지혜에 귀 기울이세요.

❀ 나를 향한 질문
"나는 지금, 나의 마음과 얼마나 자주 대화를 나누고 있는가?"

❀ 핵심 요약
- 하늘은 우리의 모든 행동을 지켜보고 있으므로, 항상 올바른 행동을 해야 합니다.

- 조용히 앉아 자신을 돌아보는 정좌는 마음을 정화하고 본성을 깨닫는 데 도움이 됩니다.
- '신독'은 홀로 있을 때조차 하늘을 의식하며 신중하게 행동하는 것을 의미합니다.
- 하늘과 소통하며 더욱 바르고 의미 있는 삶을 살아가도록 노력해야 합니다.

好問好學
끊임없는 질문, 멈추지 않는 성장

호문호학 *好問好學*

묻기를 좋아하고 배우기를 좋아한다.

이 말은 진정한 배움의 자세를 강조합니다.
모르는 것을 부끄러워하지 않고 적극적으로 질문하며,
끊임없이 배우려는 태도를 의미합니다.
이러한 겸손하고 탐구적인 자세야말로 성장의 가장 큰 동력이 됩니다.

혹시 어린 시절, 끊임없이 "왜?"라고 질문하던 때를 기억하시나요? 어른들은 가끔 귀찮아 했지만, 그 질문 속에는 세상을 향한 우리의 뜨거운 호기심과 배우려는 열정이 담겨 있었습니다. "끊임없이 질문하라"는 이야기는, 바로 그 순수한 질문의 힘을 다시 깨우라는 메시지와 같습니다.

처음에는 어쩌면 막연한 질문일 수도 있습니다. 하지만 우물을 팔 때 흙탕물이 나오다가 점점 맑고 시원한 생명수가 솟아나듯, 질문을 거듭할수록 우리는 더 구체적이고 본질적인 답에 가까워질 것입니다.

우물을 파내려가듯, 끈기 있게 질문하고 또 질문하십시오!

오늘, 당신은 스스로를 향해 어떤 질문을 던지고 있나요?

나는 왜 지금 여기에 서 있는가?

왜 나는 타인의 생각을 쉽게 받아들이지 못할까?

겉으로 보이는 모습과 다른, 나의 진짜 마음은 무엇일까?

나는 이 책을 통해 진정으로 무엇을 찾고 싶은 걸까?

다양한 질문을 던지는 것도 중요하지만, 때로는 하나의 질문을 붙잡고 오랫동안 깊이 생각하는 것이 더 큰 의미를 가져다줄 수 있습니다. 그렇게 질문을 반복하다 보면, 우리는 결국 인간 존재의 근원적인 질문들과 마주하게 됩니다. "나는 어디에서 와서 어디로 가는가?", "왜 인간은 죽음을 피할 수 없는가?"와 같은, 어쩌면 명확한 답을 찾기 어려운 질문들 말이죠.

굳이 종교적인 해답을 찾으려 애쓰지 않아도 괜찮습니다. 다양한 관점을 열어두고, 스스로 생각하고 답을 찾아가는 그 과정 자체가 더욱 중요할지도 모릅니다. 인간의 감정과 본성을 탐구하는 '사단칠정四端七情'에 대한 깊은 논의 역시, 결국 '나'라는 존재의 본질을 끊임없이 파헤친 결과물이 아니겠습니까?

오랫동안 가까이 해온 경서經書 속에 명확한 답이 제시되어 있을지라도, 스스로 질문을 던지고 깊이 고민하는 과정을 거치지 않는다면, 그 답의 진정한 가치를 결코 깨달을 수 없습니다.

어쩌면 삶의 근본적인 질문들을 외면하고 살아가는 것이 더 편할 수도 있습니다. 하지만 인간으로 태어나 자신의 존재와 삶의 의미에 대한 깊은 고민 없이 살아가는 사람은 극히 드물 것입니다.

마음을 활짝 열고 질문을 던지십시오. 해답을 찾아가는 그 여정 속에서 분명히 놀라운 기쁨과 성장을 발견하게 될 것입니다! 오늘 던지는 당신의 질문들이, 당신의 삶의 튼튼한 토대가 되고 풍성한 밑거름이 될 때까지, 멈추지 말고 끊임없이 질문하십시오!

질문하는 당신, 성장하는 당신

"질문을 던지십시오." 이 단순한 외침은 우리에게 멈추지 않고 탐구하며 성장하라는 강력한 메시지를 전달합니다. 마치 깊은 우물을 파듯, 질문을 거듭할수록 우리는 삶의 더 깊은 진실에 다가설 수 있습니다. 처음에는 단순한 궁금증에서 시작되지만, 깊이 생각하고 탐구하는 과정을 통해 우리는 결국 인생의 가장 근본적인 질문들과 마주하게 됩니다. "나는 누구인가?", "어떻게 살아야 하는가?"와 같은 질문들은 우리의 존재, 관계, 그리고 진리에 대한 끊임없는 탐구를 시작하도록 이끌어 줍니다.

하나의 질문을 다양한 각도에서 반복하여 탐구하는 것은 우리의 생각을 더욱 깊고 넓게 확장시켜 줍니다. 때로는 오랫동안 풀리지 않던 질문에서 문득 새로운 깨달음을 얻기도 합니다. 인간의 감정과 행동을 이해하기 위한 끊임없는 질문과 탐구처럼, 우리 자신에 대한 깊은 이해는 삶의 지혜를 얻는 가장 중요한 첫걸음입니다.

오랜 시간 전부터 전해져 내려오는 지혜의 말씀들 속에는 삶의 명확한 해답이 제시되어 있을지도 모릅니다. 하지만 스스로 질문하고 고민하는 능동적인 탐구 과정을 거치지 않는다면, 그 지혜의 진정한 가치를 결코 깨달을 수 없습니다. 책을 통해 얻는 지식도 중요하지만, 스스로 질문하고 답을 찾아가는 여정을 통해 얻는 깨달음은 더욱 깊고 오래도록 우리 안에 남을 것입니다.

인간은 본능적으로 호기심을 느끼고 질문을 던지는 존재입니다. 마음을 열고 던지는 질문은 우리를 끊임없이 성장시키고 발전시키는 원동력이 됩니다. 오늘 던지는 당신의 질문들이, 당신의 삶의 튼튼한 토대가 되고 풍성한 밑거름이 될 때까지, 멈추지 말고 끊임없이 질문하십시오!

❀ 나를 향한 질문

"지금 내 마음 깊은 곳에서 울려오는 질문은 무엇인가? 어떤 화두를 끊임없이 참구해야 하는가?"

❖ **핵심 요약**
- 끊임없이 질문하는 것은 삶의 깊은 진리에 다가가는 가장 중요한 방법입니다.
- 단순한 질문부터 근본적인 질문까지, 다양한 질문을 던지고 깊이 생각해야 합니다.
- 스스로 질문하고 답을 찾아가는 능동적인 탐구 과정이 진정한 깨달음을 가져다 줍니다.
- 질문은 우리를 끊임없이 성장시키고 풍요로운 삶의 토대가 됩니다.

信賞必罰
『춘추』에서 배우는 리더의 지혜

신상필벌 信賞必罰

상을 줄 자는 반드시 상을 주고, 벌을 주어야 할 자는 반드시 벌을 준다.

이 말은 공정하고 엄격한 원칙을 강조합니다.
잘한 일에는 반드시 보상이 따르고,
잘못한 일에는 예외 없이 처벌이 뒤따라야 함을 뜻하죠.
이러한 공정함이 조직의 기강을 바로잡고
사회의 정의를 세우는 근본이 됩니다.

혹시 앞이 보이지 않는 안개 속을 걷는 것처럼 지금 당신의 삶의 방향을 잡기 어렵다고 느껴지시나요? "『춘추春秋』를 읽어라."라는 옛 현인들의 조언은, 바로 우리에게 역사를 통해 삶의 나침반을 찾으라는 귀한 메시지를 전합니다. 『춘추』는 단순한 과거 이야기가 아니라 그 시대 사람들의 행동과 그에 대한 공정한 평가를 담고 있는 지혜의 보고입니다. 마치 오랜 세월 검증된 법원의 판례처럼, 옳고 그름을 판단하는 중요한 기준을 제시해 줍니다.

『춘추』는 본문인 '경經'과 그 해설인 '전傳'으로 이루어져 있습니다. '전'은 그 시대의 구체적인 사건들을 생생하게 기록하고 있으며, '경'은 그 사건에 대한 엄정하고 객관적인 판단을 담고 있습니다.

유가儒家의 중요한 경전 중 하나인 『춘추』는 단순한 역사 나열을 넘어, 당시 사람들의 행동과 그에 대한 후대의 평가를 담고 있어, 마치 옳고 그름을 가르는 명확한 기준을 제시하는 법전과 같습니다.

본래 학문의 가장 중요한 목적은 '궁리窮理', 즉 세상의 이치를 깊이 탐구하는 데 있습니다. 다른 경전들이 추상적인 이론을 주로 이야기하는 반면, 『춘추』는 구체적인 역사적 사건과 그에 대한 평가를 통해 무엇이 옳고 무엇이 그른지를 명확하게 보여줍니다. 이는 『춘추』가 단순한 과거 이야기를 넘어, 각 사건을 통해 우리가 어떤 삶의 교훈을 얻어야 하는지를 명확하게 제시하고 있음을 보여줍니다. 『춘추』는 특히, '중용中庸'의 도, 즉 지나치거나 모자람 없이 상황에 가장 알맞은 균형 잡힌 태도를 중요한 기준으로 삼습니다. 마치 저울이 끊임없이 변화하는 상황 속에서 중심을 잡듯, 중용은 시대의 흐름에 따라 달라질 수 있는 옳고 그름의 판단 기준을 제시하며, 『춘추』의 핵심 가치관이 바로 이 중용의 정신에 기반하고 있음을 보여줍니다.

중용이란 한쪽으로 치우치거나 부족함 없이, 변화하는 상황에 가장 적절한 상태를 의미하며, 불확실한 세상 속에서 옳고 그름을 판단하는 중요한 기준이 됩니다. 마치 도량형이 통일되지 않으면 혼란을 피할 수 없듯이, 끊임없이 흘러가는 인생 속에서 인간사의 옳고 그름을 판단하는 중요한 잣대가 바로 『춘추』입니다. 이는 마치 어둠 속에서 길을 잃은 나그네에게 밝은 등불과 같은 역할을 합니다.

『춘추』를 읽는 것은 단순히 과거의 사건들을 머릿속에 집어넣는 피상적인 행위를 넘어, 현재 우리의 삶에 직접적으로 적용하여 삶의 지혜를 깨닫는 깊고 의미 있는 과정입니다. 『춘추』를 탐구함으로써 우리는 옳고 그름을 분별하는 명확한 기준을 배우고, 그 시대 다양한 인물들의 흥망성쇠를 통해 삶의 지혜를 깊이 깨닫게 되며, 급변하는 세상의 흐름 속에서도 흔들리지 않고 자신의 중심을 굳건히 지켜나갈 수 있는 내면의 힘을 기를 수 있습니다.

오늘날 우리는 예측 불가능하게 빠르게 변화하는 세상 속에서 수많은 어려움에 직면하고 있습니다. 바로 이러한 때일수록 우리는 『춘추』와 같은 역사 속 지혜의 잣대를 마음 깊이 새겨, 삶의 방향을 설정하는 지혜를 얻고, 스스로의 삶을 냉철하게 되돌아보는 성찰의 시간을 가져야 합니다.

진정으로 『춘추』를 읽는다는 것은 단순히 글자를 눈으로 쫓는 것이 아니라, 스스로에게 끊임없이 질문을 던지고 그 질문에 대한 깊이 있는 답을 찾아 나가는 능동적인 지적 여정입니다. 『춘추』 속에 등장하는 다양한 인물들의 극명한 행동들을 주의 깊게 살펴보면서, 우리는 자연스럽게 "만약 나라면 이 상황에서 어떤 선택을 했을까?", "나는 과연 어떠한 가치관을 지향하며 어떤 사람이 되고 싶은가?"와 같은 심오한 질문들을 스스로에게 던질 수 있게 됩니다. 이러한 과정을 지나면서 『춘추』를 통해 얻게 된 지혜는 단순한 지식 축적을 넘어, 우리가 인생의 항해에서 길을 잃지 않도록 북극성처럼 빛나는 나침반이 되어 줄 것입니다. 부디 『춘추』를 깊이 읽고, 역사 속에서 길어 올린 지혜를 통해 더욱 풍요롭고 현명한 삶을 살아가시기를 바랍니다.

❀ 나를 향한 질문

"혼란한 세상을 항해하는 나의 나침반은 지금 어디를 가리키고 있는가?"

❀ 핵심 요약

- 『춘추』는 단순한 역사 기록이 아닌, 옳고 그름의 기준을 제시하는 지혜의 보고입니다.
- 『춘추』를 통해 우리는 삶의 지혜를 배우고, 급변하는 세상 속에서 중심을 잡는 힘을 기를 수 있습니다.
- 『춘추』를 읽는 것은 스스로에게 질문하고 답을 찾아가는 능동적인 지적 여정입니다.
- 역사의 지혜는 혼란한 세상 속에서 삶의 방향을 설정하는 데 중요한 길잡이가 되어 줍니다.

吾人所同得
당신의 발길이 닿는 곳마다,
마음이 머무는 곳마다

오인 소동득 吾人 所同得

우리 모두가 함께 얻는 바.

이 말은 개인을 넘어 공동체가 함께 얻을 수 있는 이득이나 가치를 강조합니다.
혼자만의 성취가 아닌,
우리가 모두 공유하고 누릴 수 있는 보편적인 진리나 행복을 의미하죠.
진정한 가치는 함께 나눌 때 빛납니다.

혹시 당신이 지금 걷고 있는 이 길이 어디로 향하는지, 당신의 마음 속에 품고 있는 생각들이 어떤 의미를 가지는지 깊이 생각해 본 적 있으신가요?

도덕방道德坊 장현광 선생의 짧지만 깊은 울림을 주는 시는, 우리에게 삶의 근본적인 길(道)과 인간으로서 마땅히 지켜야 할 도리인 덕德에 대한 깊은 통찰을 제시합니다.

身往無非道 신왕무비도

心存皆是德 심존개시덕

吾人所同得 오인소동득

知行我何獨 지행아하독

이 몸이 향하는 곳 어디든 도道가 아닌 곳이 없고

마음이 머무는 곳은 그 모든 것이 덕德이로다.

나, 너, 우리 모두가 본래 같은 덕을 지니고 태어났으니

깨달아 알고 행하는 것이 어찌 나 혼자만 하겠는가!

'이 몸이 향하는 곳 어디든 도道가 아닌 곳이 없고, 마음이 머무는 곳은 그 모든 것이 덕德이로다.'라는 이 구절은, 우리가 발길이 닿는 평범한 일상 자체가 도道의 표현이며, 우리가 마음속에 어떤 생각을 품고 살아가느냐에 따라 세상에 덕德이 드러난다는 심오한 의미를 담고 있습니다. 다시 말해, 우리의 하루하루가 도를 실천하는 거룩한 여정이며, 마음을 어떻게 가꾸고 사용하느냐에 따라 무궁무진한 덕을 쌓을 수 있다는 가르침입니다. 마치 우리가 숨 쉬고 걷는 모든 순간이 삶의 일부이듯, 우리의 모든 행동과 마음 씀씀이가 도道와 덕德의 씨앗을 품고 있다는 것이죠.

"나, 너, 우리 모두가 본래 같은 덕을 지니고 태어났으니, 깨달아 알고 행하는 것이 어찌 나 혼자만 하겠는가!" 이 구절은, 우리 인간이 예외 없이 본성 속에 똑같은 덕德의 씨앗을 가지고 태어났으며, 그 덕을

깨닫고 실천하는 것은 특별한 사람만의 능력이 아니라 우리 모두에게 주어진 보편적인 가능성임을 강조합니다. 이는 곧 덕德이란 선택받은 소수만이 가질 수 있는 어려운 것이 아니라 우리 모두에게 이미 내재된 소중한 자산이며, 그 자산을 인식하고 삶 속에서 꽃피우는 것은 오롯이 우리 자신의 자유로운 의지에 달려 있다는 깊은 깨달음을 안겨줍니다. 마치 우리 모두가 씨앗을 품고 태어났듯, 각자의 노력에 따라 아름다운 덕德의 꽃을 피울 수 있다는 희망을 이야기하는 듯합니다.

이 짧지만 깊은 시는 우리에게 다음과 같은 중요한 깨달음을 선물합니다.

첫째, 우리의 삶 자체가 도道를 향한 끊임없는 여정이며, 우리가 하는 모든 행동과 마음속 깊이 품는 생각들은 결국 도道를 향해 나아가는 소중한 발걸음입니다.

둘째, 덕德은 눈에 보이는 행동으로 나타나지만, 그 깊은 뿌리는 바로 우리의 마음에 있으며, 마음을 어떻게 다스리고 사용하느냐에 따라 우리의 삶의 빛깔과 향기가 확연히 달라집니다.

셋째, 덕德은 특별한 재능을 가진 소수만이 독점할 수 있는 것이 아니라 우리 인간 모두에게 보편적으로 내재된 것이며, 그 덕을 삶 속에서 실현하는 것은 개인의 숭고한 선택이자, 더불어 성장해 나아가는 아름다운 과정입니다.

이 숭고한 시를 통해 우리는 삶의 진정한 의미를 깊이 생각하고, 보다 가치 있는 삶을 향해 나아갈 용기를 얻을 수 있습니다. 우리 모두는 본성적으로 덕德을 품고 태어난 존귀한 존재이며, 그 덕을 삶 속에서 끊임없이 실천해 나갈 때 비로소 진정한 행복과 충만한 삶을 누릴 수 있습니다.

도道의 깨달음을 바탕으로 마음의 본모습이 행동으로 아름답게 드러나는 것이 바로 덕德이며, 그 자연스러운 행위가 곧 도道의 발현임을 스스로 깨닫고 아는 것이 지혜智慧입니다. 그리고 깨달은 도道와 실천하는 덕德을 바탕으로 세상을 이끌어 나가는 사람이 진정한 지도자라는 이상적인 삶의 목표를 이 시는 우리에게 제시하고 있습니다. 결국, 도道를 깨닫고 덕德을 실천하는 긴 여정이 바로 우리 삶의 궁극적인 목표이며, 이러한 삶을 살아가는 사람이야말로 진정으로 존경받는 지도자가 될 수 있다는 심오한 가르침입니다.

❀ 나를 향한 질문

"나는 오늘 하루를 어떤 도道를 향해 나아가고 있으며, 어떤 덕德으로 채워가고 있는가?"

❀ 핵심 요약

- 우리가 걷는 모든 길이 도道의 발현이며, 마음이 머무는 곳마다 덕德이 드러납니다.
- 우리 모두는 본성 속에 동일한 덕德의 씨앗을 가지고 태어났습니다.

- 덕德을 깨닫고 실천하는 것은 우리 모두에게 주어진 보편적인 가능성입니다.
- 도道를 깨닫고 덕德을 실천하는 삶이 진정한 행복과 존경받는 삶으로 이끌어 줍니다.

悠悠蒼天
망국의 노래로 현재를 보다

유유창천 차하인재 悠悠蒼天 此何人哉
아득하고 넓은 하늘이여, 이 사람은 어떤 사람인가?

이 구절은 어떤 인물이나 상황에 대해 깊은 의문과 탄식을 표현할 때 쓰입니다.
알 수 없는 상황에 대한 막막함,
혹은 예측 불가능한 인물의 행동을 보며
하늘에 묻는 듯한 감회를 담고 있습니다.

혹시 오래된 폐허를 바라보며 덧없이 흘러간 시간과 사라진 영광을 느껴본 적 있으신가요? 『시경』의 '서리黍離'는 멸망한 나라의 슬픔을 노래하며, 단순한 감상에 머무르지 않고 우리에게 역사를 통해 깊은 교훈을 되새기게 합니다. 『시경』은 그저 옛날이야기가 아니라 당시 사람들의 삶과 생각을 생생하게 담고 있는 역사의 타임캡슐과 같습니다. 특히, '서리'는 한 나라가 스러진 후의 처참하고 황량한 풍경을 눈앞에 펼쳐 보이며, 그 멸망의 원인과 그로 인한 깊은 슬픔과 후회를 절절하게 노래합니다. 마치 흑백 영화를 보듯, 과거의 비극이 생생하게 다가와 현재의 우리에게 묵직한 질문을 던지는 듯합니다.

서리黍離

行邁靡靡 행매미미
中心搖搖 중심요요
中心如醉 중심여취
中心如噎 중심여얼
悠悠蒼天 유유창천
此何人哉 차하인재

발길이 떨어지지 않아
속이 울렁이는 듯
술에 취한 듯
속마음 메이는 듯
아득히 푸른 하늘이여
어떤 이들이 이렇게 망쳤단 말인가?

『시경』을 읽다가 문득 책장을 덮고 깊은 생각에 잠겼습니다. "심지우의心之憂矣여 기수지지其誰知之리오"라는 절규는, 나라가 멸망해가는 위태로운 상황에서도 아무것도 깨닫지 못하는 사람들에 대한 애끓는 안타까움을 토로합니다. 마치 뜨거운 냄비 속 개구리처럼, 눈앞의 현실을 외면하고 쾌락에만 빠져 나라의 운명이 다해가는 줄도 모르는 어리석은 사람들의 모습이 떠올라 안타까움을 금할 수 없습니다.

『시경』의 다른 시들 또한 멸망한 왕궁 터가 보리밭과 밀밭으로 변해 그 역사적 의미조차 모르는 농부들의 땅이 된 비극(기망既亡), 그리고 무너져가는 나라의 위기를 알지 못하고 오히려 걱정하는 사람들을 미치광이 취급하는 어리석은 정치가들의 한심한 모습(미망未亡)을 생생하게 고발합니다.

이미 사라진 왕국의 흔적을 눈물로 기록한 시인의 절절한 슬픔은 수천 년이 지난 지금도 우리의 가슴을 먹먹하게 울리고, 다가오는 멸망의 그림자를 감지하지 못하는 사람들을 안타까워하는 시인의 절박한 외침은 누구라도 이 절박한 심정을 알아주기를 간절히 염원하는 듯합니다.

'기망既亡'과 '미망未亡'이라는 두 단어는 각각 나라가 멸망한 후의 처참한 현실과 멸망하기 전의 위태로운 상황을 의미합니다. 이미 모든 것이 사라진 후의 슬픔과, 다가오는 위험을 감지하지 못하는 어리석음은 우리에게 역사의 중요한 교훈을 전달합니다. 마치 과거의 실패를 통해 현재의 위기를 깨닫고 미래를 대비해야 한다는 경고처럼 들립니다.

'서리'에 담긴 "행매미미行邁靡靡, 중심요요中心搖搖, 중심여취中心如醉, 중심여일中心如噎"이라는 구절은, 멸망한 나라의 현실을 목격한 화자의 깊은 슬픔과 절망을 절규하듯 쏟아냅니다. 발걸음조차 뗄 수 없는 고통,

술에 취한 듯 몽롱한 정신, 목이 메어 말을 잇지 못하는 그의 모습은, 망국의 비통함을 생생하게 우리에게 전달합니다. '유유창천悠悠蒼天 차하인재此何人哉'라는 하늘을 향한 그의 처절한 외침은, 왜 이런 비극적인 운명이 닥쳐왔는지, 과연 누가 이 끔찍한 현실을 만들었는지에 대한 날카로운 질문을 던지며, 깊이를 헤아릴 수 없는 슬픔과 함께 끓어오르는 분노를 터뜨립니다. 마치 영화의 마지막 장면처럼, 비극적인 현실 앞에서 느끼는 인간의 무력감과 절망이 고스란히 느껴집니다.

역사는 단순한 과거의 이야기가 아닌, 현재와 미래를 살아가는 우리에게 깊은 울림을 주는 소중한 교훈입니다. 과거의 흥망성쇠를 통해 우리는 위기를 미리 감지하고 철저히 대비해야 하며, 개인의 작은 행동이 모여 역사의 물줄기를 바꿀 수 있다는 사실을 깨닫게 됩니다. 또한 우리 사회의 문제에 대한 끊임없는 관심과 적극적인 참여는, 더 나은 미래를 만들어가는 데 필수적인 자세입니다. 마치 등대처럼, 역사는 우리에게 어둠 속에서 길을 잃지 않도록 방향을 제시해 줍니다.

'서리'는 단순한 슬픈 시를 넘어, 우리에게 끊임없이 묵직한 질문을 던지는 역사의 거울과 같습니다. 우리는 '서리'를 통해 과거의 슬픔을 되새기며, 현재 우리의 상황을 냉철하게 성찰하고, 나아가 다가올 미래를 현명하게 준비해야 합니다. 오늘날 우리 사회 역시 수많은 문제에 직면해 있습니다. 그렇기에 우리는 '서리'를 통해 과거의 쓰라린 교훈을 가슴 깊이 새기고, 현재 우리가 처한 현실을 냉철하게 분석하여,

미래를 위한 지혜로운 해결책을 모색해야 할 것입니다. 마치 오래된 앨범 속 사진처럼, 과거의 이야기는 현재의 우리에게 깊은 메시지를 전달합니다.

❀ 나를 향한 질문

"과거의 슬픔을 통해, 나는 지금 무엇을 배우고 미래를 어떻게 준비해야 하는가?"

❀ 핵심 요약

- '서리'는 망국의 슬픔을 노래하며, 우리에게 역사의 중요한 교훈을 되새기게 합니다.
- 과거의 비극을 통해 현재의 위기를 깨닫고 미래를 대비해야 합니다.
- 사회 문제에 대한 끊임없는 관심과 적극적인 참여가 더 나은 미래를 만드는 힘입니다.
- '서리'는 과거의 거울로서, 현재를 성찰하고 미래를 준비하는 지혜를 제공합니다.

陟岵
홀로 산 위에 올라

척호 陟岵

언덕에 오르다.

이 말은 먼 곳에 있는 고향이나 그리운 이를 생각하며
언덕에 올라 바라보는 행위를 뜻합니다.
보통 고향을 그리워하거나 부모님, 가족을 애틋하게 여기는 마음을
표현할 때 쓰입니다. 망향과 그리움의 정을 담고 있습니다.

혹시 문득 고향 생각에 가슴이 먹먹해지거나, 혼자라는 외로움에 깊이 잠겨본 적 있으신가요? '척호陟岵'는 헐벗은 산 위에 올라 고향을 애타게 그리워하는 시입니다. 단순한 향수를 넘어, 우리 마음 깊은 곳에 자리한 근원적인 고독과 사랑하는 사람들을 향한 간절한 그리움을 섬세하게 그려냅니다. 어쩌면 우리는 힘들 때 누군가에게 털어놓고 위로받고 싶어 하는 나약한 존재인지도 모릅니다. 고통스러울수록 더욱더 누군가에게 기대어 하소연하고 싶은 마음은, 어려운 시기를 살아가는

우리 모두의 보편적인 감정일 것입니다.

  하지만 시인은 자신의 외로운 처지를 담담하게 바라보면서도, 사랑하는 부모님과 형의 애끓는 마음을 헤아리는 깊은 공감을 보여줍니다. 바로 역지사지易地思之의 마음으로 말이죠! 전쟁터에 홀로 남겨진 막내아들로서, 자신이 겪는 고통보다 자신을 걱정하며 무사히 돌아오기만을 간절히 바랄 아버지, 어머니, 형의 애틋한 마음을 절절하게 담아낸 서정시가 바로 '척호陟岵'입니다.

  헐벗은 산에 홀로 서서
  아득히 먼 곳에 계신 부모님을 애타게 바라본다.
  까마득한 산 너머에서
  귓가에 맴도는 애끓는 목소리,
  "오호라, 내 사랑하는 아들아!
  새벽부터 밤늦도록 쉴 새 없이 고생하는구나.
  부디, 몸조심 하거라.
  기필코 살아 돌아오너라!
  오호라, 내 사랑하는 아들아!
  잠시도 쉴 틈 없이 고생하는구나.
  부디, 살아남아 버려지지 않아야 한다!"
  오호라, 내 사랑하는 동생아!
  온종일 쉼 없이 이어지는 고된 훈련, 얼마나 힘들까!
  부디, 부디 몸조심 하거라.

제발, 죽지 말고 꼭 살아 돌아오너라!"
분명 그곳에는 아무것도 없었는데,
어느 순간 눈앞에 커다랗게 떠오르는 아버지,
어머니, 듬직한 형의 얼굴!
목이 꽉 메이고 가슴이 찢어지는 듯 아프지만,
마음 깊은 곳에서 솟구쳐 오르는 절규는 온 세상에 울려 퍼집니다.
"나는 반드시, 반드시 살아 돌아갈 것이다!"
하늘을 향해 힘차게 외칩니다.

'헐벗은 산에 홀로 서서 아득히 먼 곳에 계신 부모님을 애타게 바라본다.'

이 시구는, 시인의 처절한 고독과 절망적인 외로움을 고스란히 보여줍니다. 낯선 전쟁터에서 홀로 감내해야 하는 고난과 죽음에 대한 두려움, 그리고 아득히 먼 곳에 계신 부모님을 향한 사무치는 그리움이 절절하게 느껴집니다. 마치 어두운 밤하늘 아래 홀로 빛나는 작은 별처럼, 그의 외로움은 더욱 깊게 다가옵니다.

'나는 반드시, 반드시 살아 돌아갈 것이다!'라는 시인의 처절한 외침은, 절망적인 상황 속에서도 결코 희망의 끈을 놓지 않고 살아남겠다는 강인한 의지를 보여주며, 우리에게 깊은 감동과 숭고한 울림을 선사합니다. 마치 폭풍우 속에서도 꺾이지 않는 강인한 나무처럼, 그의 의지는 굳건하게 빛납니다.

오늘 이 순간에도, 차가운 철책선에서 굳건한 눈빛으로 북녘 하늘을 바라보며 묵묵히 경계를 서고 있을 아들을 생각하면, 울컥하고 사무치는 그리움에 목이 메입니다. 초소를 지키던 아들의 입에서 툭 던져진 "머지않아 제대 날짜 돌아오니, 곧장 달려가겠습니다!"라는 씩씩한 한마디가 귓가에 맴도는 듯합니다.

하지만 아무리 소리쳐 불러도 메아리조차 없는 적막한 산야, 말없이 흐르는 임진강, 그리고 이름 모를 산새의 슬픈 울음만이 간간이 들려올 뿐입니다.

아득한 옛날, 만리장성萬里長城을 쌓던 노동자들은 고향으로부터 멀리 떨어져 있어 위독한 상황이 닥쳐도 쉽사리 달려갈 수 없었으며, 불행한 사고事故라도 당하는 날에는 시신조차 제대로 수습하지 못하고 그 자리에 버려지는 비참한 현실을 목격해야 했습니다.

하지만 그럼에도 불구하고, 언젠가는 고향으로 돌아갈 수 있다는 간절한 희망이 있었기에, 무너지고 쓰러지지 않겠다는 강인하고 질긴 의지가 그들을 지켜주는 든든한 수호신이 되었으며, 눈을 감으면 어김없이 떠오르는 사랑하는 아버지, 어머니, 형제의 얼굴에서 애끓는 그리움과 간절함이 짙게 배어 나오는 것을 우리는 '척호陟岵'를 통해 읽어 볼 수 있습니다. 마치 어둠 속에서 길을 잃지 않도록 북극성이 빛나듯, 그들의 마음속에는 고향과 가족이라는 희망이 빛나고 있었습니다.

'어떤 사람이든 자신의 진정한 처지를 가장 잘 아는 사람은 결국 자기 자신뿐이다.'라는 문장은 인간 존재의 근원적인 고독을 깊이 있게 통찰합니다. 그 누구에게도 쉽사리 털어놓을 수 없는 깊은 고독과 사무치는 외로움은, 인간이라면 누구나 삶의 어느 순간 마주하게 되는 보편적인 감정일 것입니다. 마치 넓은 세상에 홀로 남겨진 섬처럼 느껴질 때가 있는 것처럼 말이죠.

'척호陟岵'는 단순한 시를 넘어, 우리에게 다음과 같은 삶의 중요한 메시지들을 전달합니다. 어떠한 절망적인 상황에서도 결코 희망의 끈을 놓지 말아야 합니다. 다른 사람의 고통스러운 처지를 깊이 공감하고 이해하려는 마음을 길러야 합니다. 인간 존재의 근원적인 고독과 사무치는 외로움을 극복할 수 있는 강인한 정신력을 길러야 합니다. 가족이라는 따뜻한 울타리의 소중함을 다시 한 번 가슴 깊이 느낄 수 있습니다. 마치 든든한 나무처럼, 가족은 우리가 힘든 시간을 버틸 수 있는 가장 큰 힘이 되어줍니다.

이 숭고한 시를 통해 우리는 삶의 숱한 고난을 헤쳐 나가고, 보다 나은 삶을 향해 힘차게 나아갈 수 있는 용기와 지혜를 얻을 수 있습니다.

❁ 나를 향한 질문

"나는 지금 마음속 깊은 곳으로부터 무엇을 간절히 그리워하고 있는가?

❁ 핵심 요약

- '척호'는 고독과 그리움이라는 인간의 보편적인 감정을 깊이 있게 그려냅니다.

- 역지사지의 마음으로 타인의 고통을 공감하고 이해하는 것이 중요합니다.
- 절망적인 상황 속에서도 희망을 잃지 않는 강인한 의지가 필요합니다.
- 가족이라는 따뜻한 울타리의 소중함을 다시 한 번 깨닫게 해 줍니다.

其誰知之
망국의 슬픈 노래, 지금 우리에게 던지는 질문

기수지지 其誰知之

그 누가 이를 알겠는가?

이 말은 어떤 사실이나 진실을 아는 사람이 드물거나,
자신의 깊은 뜻을 알아주는 이가 없음을 탄식할 때 사용됩니다.
고독함이나 비장함이 담겨 있으며,
보편적으로 이해받기 어려운 상황이나 깨달음을 표현합니다.

혹시 뉴스를 보며 답답하거나, 주변에서 벌어지는 일들에 무관심해진 적은 없으신가요? 『시경』에 나오는 시, 〈원유도園有桃〉는 망해가는 나라를 보며 시인이 느꼈던 깊은 슬픔과 답답함을 노래합니다. 오래된 이야기가 아니라, 어쩌면 지금 우리의 모습과 닮아 있는지도 모릅니다.

心之憂矣 심지우의

我歌且謠 아가차요

聊以行國 료이행국

其誰知之 기수지지

蓋亦勿思 개역물사

마음속 근심으로

흥얼대다가 노래도 부르다가

마음속 근심으로

이곳저곳 헤매고 있으니

그 누가 알아차리려나,

아무도 깊이 생각지 않는구나!

이 짧은 시는, 나라가 망해가는 것을 보며 홀로 절망하는 시인의 외로운 마음을 그대로 보여줍니다. 슬픔에 잠겨 노래를 불러보지만, 아무도 그의 아픈 마음을 알아주려 하지 않고, 그의 깊은 고뇌를 함께 나누려는 사람조차 없습니다. 마치 홀로 어둠 속에 갇힌 듯한 그의 절망감이 고스란히 느껴집니다.

시간이 흐르면 일반적인 슬픔은 옅어지기 마련이지만, 시인의 슬픔과 아픔은 오히려 점점 더 깊어집니다. 그는 망국의 슬픈 흔적이 남은 땅을 걸으며, 과거의 화려했던 왕궁 터를 떠올립니다. 그리고 이 모든 비극을 만든 장본인이 누구인지, 하늘을 향해 간절하게 묻습니다. 그의 애끓는 외침이 지금 우리의 귀에도 들리는 듯합니다. 왜 나라는 이

지경이 되었는지, 누가 이 끔찍한 현실을 만들었는지, 그는 답을 찾지 못한 채 슬픔에 잠겨 하늘만 바라봅니다.

조금만 깊이 생각하고 주변을 둘러보면, 나라가 위태롭게 기울어가는 상황을 충분히 알 수 있을 텐데, 그 누구도 현실을 제대로 살피려 하지 않고, 설마 나라가 망할 거라고는 생각조차 하지 않으니, 시인은 뜻있는 사람들에게 "제발, 정신 차리고 생각 좀 하십시오!"라고 간절하게 외치며 경종을 울리는 듯합니다. 나라가 망하는 것은 어느 날 갑자기 벌어지는 일이 아니며, 많은 사람들의 무관심이 그 씨앗이 되고 자라나는 것을 시인은 안타깝게 보여줍니다. 우리 또한 시인처럼 주변의 상황에 관심을 가지고, 문제점을 외면하지 않고 개선하기 위해 작은 노력이라도 기울여야 하지 않을까요?

〈원유도園有桃〉를 읽으며 얻는 교훈

주변의 현실에 눈을 뜨고 비판적인 시각을 가지세요.
우리 주변에서 일어나는 일들에 무관심하지 말고, 문제점을 인식하고 비판적으로 바라보는 깨어 있는 태도가 필요합니다.

우리 사회의 일에 책임을 느끼고 참여하세요.
공동체의 일에 관심을 가지고, 우리 모두가 사회의 한 구성원으로서 책임감을 느끼며 적극적으로 참여하는 자세가 중요합니다.

함께 고민하고 해결책을 찾아 나서세요.

문제에 직면했을 때, 서로 소통하고 협력하여 함께 해결책을 모색하는 지혜가 필요합니다. 혼자서는 어렵지만, 함께라면 더 나은 답을 찾을 수 있습니다.

과거를 통해 배우고 미래를 준비하세요.

역사는 되풀이될 수 있습니다. 과거의 경험을 통해 교훈을 얻고, 더 나은 미래를 준비하는 현명한 자세를 가져야 합니다.

오늘날 우리 사회에도 외면할 수 없는 다양한 문제들이 존재합니다. 우리는 〈원유도園有桃〉를 통해 과거의 역사를 거울삼아, 현재 우리가 처한 상황을 냉철하게 분석해야 합니다. 그리고 미래 세대가 더 나은 세상에서 살아갈 수 있도록, 우리 모두 함께 노력해야 할 것입니다. 망국의 슬픈 노래가, 오늘 우리에게 던지는 묵직한 질문을 잊지 않아야 합니다.

❀ 나를 향한 질문

"지금 우리 사회가 가지고 있는 문제들에 대해 나는 어떤 생각을 가지고 관심을 기울이고 있는가?"

❀ 핵심 요약

- 망해가는 나라를 노래한 〈원유도〉는 우리들의 무관심에 대한 위

험성을 경고합니다.
- 우리는 주변 현실에 관심을 갖고 비판적인 시각을 가져야 합니다.
- 사회 구성원으로서 책임감을 느끼고 적극적으로 참여해야 합니다.
- 과거의 역사를 통해 배우고, 더 나은 미래를 위해 함께 노력해야 합니다.

知人知天
하늘의 뜻과 내 안의 욕망

지인지천 知人知天

사람을 알고 하늘을 알다.

이 말은 인간 사회의 이치(사람)와 자연의 섭리(하늘)를
모두 통달하는 깊은 지혜를 의미합니다.
인간 본성과 세상의 흐름을 이해할 때 비로소 진정한 통찰력을 얻고,
삶의 큰 도리를 깨달을 수 있습니다.

혹시 끝없이 무언가를 원하고 갈망하는 자신을 보며 "나만 이런 걸까?" 하고 생각한 적이 있으신가요? 진정한 배움은 단순히 머릿속에 지식을 쌓는 것을 넘어, 우주의 변치 않는 법칙인 천리天理를 깨닫고, 우리 마음속에서 끊임없이 샘솟는 인욕人慾을 조절하는 긴 여정과 같습니다. 천리와 인욕은 마치 시소의 양쪽 끝과 같아서, 균형을 잘 맞춰야 비로소 흔들림 없는 평화로운 삶을 살아갈 수 있습니다.

천리는 해가 뜨고 지는 것처럼, 봄, 여름, 가을, 겨울이 되풀이되는

것처럼 자연의 순환과 만물의 성장이라는 변함없는 원리입니다. 옛날 현명한 사람들은 이러한 자연의 흐름에 순응하며 살아가는 것 속에 진정한 행복이 있다고 가르쳤습니다. 하지만 우리 인간은 마치 활활 타오르는 불길처럼, 채워도 채워도 끝이 없는 욕망에 쉽게 휘둘리곤 합니다.

공자님은 인仁이라는 따뜻한 마음을 통해 천리와 인욕 사이의 조화를 강조했습니다. 여기서 인은 단순한 착한 마음을 넘어, 하늘의 이치와 인간의 욕망 사이에서 중심을 잡고 살아가는 지혜를 의미합니다. 마치 배가 한쪽으로 기울면 결국 물에 잠기듯이, 우리 또한 천리와 인욕의 균형을 잃으면 진정한 행복을 누릴 수 없습니다.

오랜 역사를 살펴보면, 하늘의 뜻을 따르며 자연의 순리대로 살아간 성인들은 오랜 시간 동안 많은 사람들에게 깊은 감동과 깨달음을 주었습니다. 반대로, 자신의 끝없는 욕망만을 쫓았던 사람들은 결국 스스로를 파멸로 이끌었습니다.

오늘날 우리 사회는 지나친 경쟁과 돈이 전부인 것처럼 여기는 물질만능주의 때문에 사람들의 관계가 점점 더 멀어지고 있습니다. 이는 우리 안의 욕심이 하늘의 순리를 넘어선 결과입니다. 이제 우리는 다시 하늘의 소리에 귀 기울이고, 자신의 욕망을 절제하며 살아가는 지혜를 배워야 합니다. 천리와 인욕의 조화는 어려운 이론이 아니라, 우리가 매일의 삶 속에서 실천해야 할 중요한 지침입니다. 오늘부터라도 자연의 이치에 대해 깊이 생각하고, 자신의 욕망을 조절하는 연습을 통해 더욱 풍요롭고 의미 있는 삶을 만들어 나가도록 노력해야 할 것입니다.

내 안의 욕망과 우주의 지혜 사이에서

우리 안의 욕심은 끝없이 커지려고 하지만, 하늘의 변함없는 이치에 순응하며 욕망을 조절하는 것이 중요합니다. 마치 브레이크와 액셀러레이터처럼, 욕망이라는 에너지를 하늘의 지혜라는 방향으로 조절해야 비로소 안전하고 행복한 삶의 길을 갈 수 있습니다. 공자님은 이 둘 사이의 깊은 이해를 강조하며, 이를 통해 우주의 살아있는 힘을 깨닫는 것이 진정한 배움의 길이라고 가르쳤습니다.

❀ 나를 향한 질문
"나의 마음속 저울은 지금, 천리와 인욕 중 어느 쪽으로 기울어져 있는가?"

❀ 핵심 요약
- 진정한 배움은 천리를 깨닫고 인욕을 다스리는 것입니다.
- 천리는 변함없는 우주의 법칙이며, 인욕은 끝없이 샘솟는 인간의 욕망입니다.
- 공자는 인을 통해 천리와 인욕 사이의 조화를 강조했습니다.
- 하늘의 이치를 깨닫고 욕망을 절제하는 지혜로운 삶이 행복으로 이끄는 길입니다.

周南召南
혼돈의 시대에 듣는 삶의 노래

주남소남 周南召南

주나라 남쪽과 소나라 남쪽의 노래들.

'주남'과 '소남'은 『시경詩經』의 첫 부분으로,
주나라 초기의 태평성대와 백성들의 순박한 삶을 담은 노래들입니다.
이는 유교에서 이상적인 정치와 교화의 표본으로 여겨지며,
민간의 정서와 윤리적 가치를 담고 있습니다.

혹시 세상이 시끄럽고 혼란스럽다고 느껴지시나요? 『논어』에서 공자가 "시는 세상을 비추는 거울과 같다(詩可以觀)"고 말한 것처럼, 『시경』은 단순한 옛 노래 모음집을 넘어, 그 시대 사람들의 삶과 사회의 다양한 모습을 생생하게 담고 있는 거울과 같습니다. 특히, 『시경』의 한 부분인 「국풍國風」은, 혼란했던 시대의 생생한 풍경과 그 속에서 살아가는 사람들의 솔직한 감정을 가감 없이 그려내어, 인간 본성의 깊이와 사회의 여러 단면을 더욱 깊이 있게 이해하도록 이끌어 줍니다.

마치 흑백 다큐멘터리처럼, 과거의 삶이 생생하게 펼쳐지는 듯한 느낌을 받을 수 있습니다.

『시경』의 전체적인 구조는 평화로웠던 시대의 노래인 '주남周南'과 '소남召南'으로 시작하여, 13개「국풍國風」을 통해 혼란했던 시대의 생생한 풍경을 보여줍니다. 그리고 마지막「빈풍豳風」에서는 다시 평화를 염원하는 간절한 마음을 담아 마무리됩니다.

이러한 짜임새 있는 구성을 통해 『시경』은, 마치 한 편의 드라마처럼 인간 삶의 흥망성쇠와 변화의 과정을 극적으로 보여줍니다.

본래 세상은 고요하고 평온하며 질서정연한 아름다운 모습으로 시작되었을 것입니다. 하지만 시간이 흐르면서 인간의 마음은 점점 더 복잡해지고, 본래의 순수한 마음을 잊은 채 욕심이 커져 감정은 마치 풀리지 않는 실타래처럼 엮여집니다. 너나 할 것 없이 자신의 욕망을 채우려는 몸짓은 끊임없이 이어지죠.

인간의 가장 강렬한 욕망이 들끓는 곳은 어디일까요?

멀리서 바라보면 음양陰陽의 조화로 만물이 생겨나듯, 남녀의 사랑을 통해 인간의 역사는 이어져 갑니다. 하지만 인간의 삶에는 남녀 관계를 일정한 형식과 법칙으로 규정하는 결혼이라는 중요한 원칙이 존재하며, 이 원칙이 흔들릴 때 사회는 혼란에 빠지게 됩니다. 마치 건물의 기둥이 흔들리면 전체가 무너지듯 말입니다.

「국풍」은 특히, 인간의 욕망과 권력에 대한 끝없는 탐욕, 그리고 그로 인해 발생하는 사회적 혼란을 가감 없이 드러냅니다. 궁궐 안의 암투와 배신, 남녀 간의 뜨거운 애정과 섬뜩한 질투 등 인간이 느끼는 다채로운 감정과 그로 인한 갈등이 마치 오늘날의 드라마처럼 생생하게 묘사되어 있습니다.

권력을 쥔 통치자들은 그 누구보다 마음이 흐트러지기 쉬운 환경에 놓입니다. 윗사람이 좋아하는 것이 있다면, 아랫사람은 자신의 이익을 위해 온갖 아첨을 늘어놓고, 이러한 노력 뒤에는 자연스럽게 보상 심리가 작용합니다. 그 결과, 비바람을 피하고 추위를 막아주던 소박한 집은 어느새 하늘 높은 줄 모르고 치솟고, 맨발로 걷기 힘들 정도의 넓은 땅에는 화려한 건축물이 들어서게 됩니다. 그 안에는 자신의 욕망을 채우기 위해 수많은 여인들을 '궁녀宮女'라는 이름으로 불러 모았습니다.

과연 한 사람의 욕망만으로 그 많은 궁녀들의 마음을 만족시킬 수 있었을까요? 이러한 상황 속에서 궁궐 안에서는 차마 입에 담기조차 어려운 추악하고 부도덕한 일들이 벌어지곤 했습니다. 마치 권력이라는 달콤한 독이 사람들의 이성을 마비시키는 것과 같습니다.

궁녀들에게 임금의 사랑을 받아 자식을 낳고, 그 자식이 왕위에 오르는 것은 최고의 목표이자 기쁨이었으며, 이는 곧 권력 재편과 신분 상승의 지름길이었습니다. 그러다 보니 궁궐 내에서는 치열한 암투가 벌어지고, 궁녀들을 중심으로 많은 신하들이 편을 갈라 대립했으며, 심지어 세자를 바꿔치는 음모와 질투로 인한 난투극까지 벌어지기도 했습니다.

하지만 세상의 이치는 극도로 혼란한 상황이 지속되면 안정을 갈망하는 마음이 일어나기 마련입니다. 이를 '난극사치亂極思治' 혹은 '극즉

반極則反'이라고 표현하는데, 『시경』「국풍」의 편제編制는 이러한 세상의 이치를 고스란히 담고 있습니다. 마치 어둠이 짙어질수록 새벽이 가까워오는 것처럼 말입니다.

『시경』은 단순한 과거의 기록을 넘어, 현대를 살아가는 우리에게도 깊은 통찰력을 제공합니다. 우리는 『시경』을 통해 인간 본성의 다양한 측면과 사회의 근본적인 문제점을 깊이 있게 이해하고, 더 나은 사회를 건설하기 위한 지혜를 얻을 수 있습니다. 마치 오랜 세월 동안 축적된 삶의 지혜가 담긴 보물창고와 같습니다.

주남周南과 소남召南은 평온한 세상의 시작을 알리고 있으며, 13개 「국풍」에는 혼란의 극치까지 보여주는 내용이 담겨 있습니다. 차마 많은 사람 앞에서 드러내기 어려운 남녀 간의 문란한 행위조차도 시의 형태로 기록되어 있습니다. 마치 사회의 어두운 그림자를 가감 없이 보여주는 것과 같습니다.

당시에는 시가 아닌 노래의 형태로 사람들의 입에서 입으로 전해졌기에, 마을 어귀에서 흘러나오는 노랫소리에는 때로는 추악한 현실을 비웃는 듯한 냉소, 때로는 이상적인 삶을 갈망하는 애절함, 때로는 외로움, 괴로움, 슬픔 등 인간이 느끼는 수많은 감정이 고스란히 담겨 있었습니다. 마치 다양한 악기가 연주하는 삶의 교향곡과 같습니다.

공자는 이러한 세상의 노래들을 통해 인간성을 회복하고, 어떻게 사는 것이 인간다운 삶인지, 어떻게 하면 희망찬 세상으로 나아갈 수 있을지 깊이 고민한 끝에 『시경』을 정리했습니다.

「국풍」의 시작과 끝에 인간 삶의 진실된 모습과 희망의 메시지를 담아 마지막을 「빈풍」으로 장식한 것입니다. 이 모든 것을 종합해 볼 때, 시경은 인간 삶의 본모습을 있는 그대로 보여주는 훌륭한 거울이라고 할 수 있습니다. 마치 오랜 친구의 진심 어린 조언처럼, 시경은 우리에게 삶의 지혜를 속삭여 줍니다.

'인간의 욕망은 어디까지 허용될 수 있는가?'
'권력은 어떻게 사용되어야 하는가?'
'우리는 어떻게 더 나은 사회를 만들 수 있을까?'

『시경』은 단순한 과거의 기록이 아닌, 바로 우리 삶을 비추는 거울입니다. 『시경』을 통해 우리는 우리 자신을 더욱 깊이 이해하고, 더 나은 미래를 향해 나아갈 수 있을 것입니다.

❀ 나를 향한 질문

"혼란한 세상을 살아가는 나의 마음 깊은 곳에서 울려 퍼지는 삶의 노래는 어떤 곡조인가?"

❀ 핵심 요약

- 『시경』「국풍」은 혼란했던 시대의 삶과 인간의 다양한 감정을 생생하게 담고 있습니다.
- 인간의 욕망과 권력에 대한 탐욕은 사회적 혼란을 야기할 수 있습

니다.
- 공자는 『시경』을 통해 인간성을 회복하고 희망찬 세상을 향한 메시지를 전달하고자 했습니다.
- 『시경』은 과거의 기록을 넘어, 현재를 살아가는 우리에게도 깊은 통찰력을 제공합니다.

消長循環
밤하늘 달처럼 차고 기우는 인생

소장순환 막한지 消長循環 莫恨遲

사라지고 자라나며 순환하니, 더딤을 한탄하지 마라.

이 말은 만물이 성하고 쇠하며 끊임없이 순환하는 자연의 이치를 담고 있습니다.
인생의 오르내림을 한탄하거나 조급해 하지 말고,
변화의 흐름을 받아들이며 때를 기다릴 줄 아는 지혜를 강조합니다.

혹시 밤하늘을 올려다보며 차고 기우는 달의 모습을 멍하니 바라본 적 있으신가요? 조선시대 학자, 신독재愼獨齋 김집의 시 〈망월望月〉은 그 밤하늘의 달을 통해, 변화무쌍한 우리네 인생살이와 그 속에서 우리가 어떤 마음으로 살아가야 하는지를 잔잔하게 속삭여 줍니다.

消長循環莫恨遲 소장순환막한지
從來天道貴盈虧 종래천도귀영휴
若使圓精長不缺 약사원정장불결

世間耽賞豈如斯 세간탐상기여사

차고 기우는 순환, 그 시간이 더디다고 한탄하지 말게나.
하늘의 도는 본래 가득 차고 비어지는 것을 귀하게 여긴다네.
만약 저 둥근 달이 늘 변함없이 가득 차 있다면
이 세상에서 그토록 귀한 구경거리로 여기겠는가.

우주 만물은 스스로의 질서 속에서 존재합니다. 우리가 살아가는 지구를 예로 들면, 하늘과 땅으로 나뉘고, 땅은 다시 평야, 산, 강, 바다, 호수로 나뉘어 우리가 살아갈 터전을 이룹니다.

하늘은 늘 비어 있는 듯하지만, 낮에는 해가, 밤에는 달이 어둠을 밝혀줍니다. 해가 뜨고 지는 규칙적인 움직임 속에서 하루라는 시간이 만들어지고, 달이 차고 기울어지는 모습을 통해 한 달이라는 더 큰 시간의 단위가 생겨납니다. 처음에는 보이지 않던 달이 초승달로 희미하게 빛나기 시작해 점점 부풀어 올라 환한 보름달이 되고, 다시 서서히 기울어져 보이지 않게 되는 것이 한 달의 자연스러운 흐름입니다.

오늘날 밤하늘의 달을 오랫동안 바라보는 사람은 드뭅니다. 밝은 전깃불 때문에 밤의 어둠이 희미해졌기 때문이죠. 하지만 300여 년 전만 해도 둥근 달은 밤의 어둠을 밝히는 중요한 존재였습니다. 사람들은 달의 차고 기우는 모습에 희망을 품고 또 내려놓으며, 삶의 흐름 또한 달의 변화에 맞춰 흘러갔을 것입니다.

신독재愼獨齋 김집金集은 아버지 김장생과 함께 조선 후기 예학의 중요한 틀을 만들었고, 송시열에게 학문을 전하여 기호학파 형성에 큰 영향을 준 학자입니다.

그는 〈망월望月〉이라는 짧은 시를 통해, 달이 서서히 차오르고 쉽게 이지러지는 모습을 보며 그 변화가 더디다고 안타까워하지 말라고 이야기하고 있습니다. 달은 변함없는 하늘의 법칙에 따라 뜨고 지는 것이 당연한 이치이기 때문입니다.

예나 지금이나 달은 이지러짐과 가득 참을 끊임없이 반복하는 자연스러운 현상입니다. 만약 달이 늘 가득 찬 모습으로 변함없이 하늘에 떠 있다면, 사람들은 그 익숙함에 더 이상 특별한 아름다움을 느끼지 못했을 것입니다.

이처럼 우리의 인생 또한 예측할 수 없는 기쁨과 슬픔, 성공과 실패가 끊임없이 찾아옵니다. 때로는 감당하기 힘든 고난의 길에 절망하기도 하지만, 또 알 수 없는 힘에 이끌려 어려움을 극복하고 평탄한 길을 걷기도 합니다. 그러므로 성공의 길이 멀고 험난하게 느껴지고, 죽을 것 같은 고통이 따르더라도 결코 포기해서는 안 됩니다. 이러한 고난의 과정을 통해 우리의 마음은 더욱 단단해지고 성숙해지는 것이니, 시련과 고통의 시간이 길수록 내면의 깊이는 더해지고 더욱 강인한 정신력을 갖게 되는 것입니다. 삶의 굴곡진 여정을 통해 우리는 어려움에 대처하는 지혜를 배우고, 순탄할 때 교만하지 않으며, 극도로 힘들 때 좌절하지 않는 성숙한 사람으로 성장할 수 있습니다.

빠르게 변화하는 현대 사회 속에서 우리는 끊임없이 새로운 것을 배우고 변화에 적응해야 합니다. 하지만 때로는 이러한 변화에 대한 두려움과 불안감을 느끼기도 합니다. 김집의 시는 이러한 우리에게, 변화는 자연스러운 것이며 삶의 모든 변화 속에는 깊은 의미가 담겨 있다는 것을 깨닫게 해 줍니다. 밤하늘의 달이 차고 기울어지듯, 인생의 변화를 담담하게 받아들이고 긍정적인 마음으로 앞으로 나아가야 합니다.

결국 〈망월望月〉은 단순히 달이 떠오른 밤의 풍경을 노래한 시를 넘어, 인생의 깊은 의미와 가치를 탐구하는 철학적인 메시지를 담고 있습니다. 이 시를 통해 우리는 삶의 변화를 어떤 자세로 받아들이고, 어떻게 살아가야 할지에 대한 중요한 깨달음을 얻을 수 있습니다.

김집의 시는 우리에게 다음과 같은 소중한 교훈을 전해 줍니다.

긍정적인 마음으로 삶의 변화를 받아들이세요.
인내심을 가지고 어려움을 이겨내세요.
시련을 성장의 발판으로 삼으세요.
삶의 모든 순간과 과정을 소중히 여기세요.

그리고 이렇게 묻습니다.

"당신은 삶의 변화를 어떤 마음으로 받아들이고 있나요?"
"당신 인생에서 가장 중요하다고 생각하는 가치는 무엇인가요?"
"당신은 어떤 어려움을 겪었고, 그 어려움을 어떻게 이겨냈나요?"

이러한 질문들을 깊이 생각하며 자신을 돌아보는 시간을 갖는다면, 더욱 성숙하고 지혜로운 삶을 살아가는 데 큰 도움이 될 것입니다.

❀ 나를 향한 질문

"나의 인생이라는 밤하늘에 떠오른 달은 지금, 어떤 모습인가?"

❀ 핵심 요약

- 인생의 변화는 달의 차고 기울어짐처럼 자연스러운 현상입니다.
- 어려움 속에서도 인내하며 긍정적인 마음을 유지하는 것이 중요합니다.
- 시련은 우리를 더욱 단단하고 성숙하게 만드는 성장의 기회입니다.
- 삶의 모든 순간을 소중히 여기며, 변화를 담담히 받아들이는 지혜가 필요합니다.

辨上下
꿈을 현실로 만드는 마법

변상하 정민지 辨上下 定民志

위 아래를 분별하고, 백성의 뜻을 안정시킨다.

이 말은 지도자가 갖춰야 할 중요한 덕목을 뜻합니다.
상하의 질서와 역할을 명확히 하고,
백성들의 마음을 안정시켜야만 올바른 사회가 이룩될 수 있다는 의미입니다.
혼란을 정리하고 민심을 하나로 모으는
리더십의 중요성을 강조하고 있는 것입니다.

혹시 머릿속에는 멋진 아이디어나 이루고 싶은 꿈은 가득하지만, 막상 시작하려 하면 망설여지지는 않으신가요? 훌륭한 사람은 화려한 말 대신 지금 자신의 자리에서 묵묵히 최선을 다하는 사람입니다. 큰 꿈을 품고 꾸준히 노력하며, 자신뿐 아니라 세상을 더 나은 곳으로 만들고자 행동하는 사람이지요. 아무리 멋진 계획이라도, 실천이 없으면 그저 공중에 뜬 그림과 같습니다.

오늘 이야기할 주역의 64괘 중 하나인 '이履' 괘는 '밟을 이' 자를 사용하여 '실천'의 중요성을 강조합니다. 아무리 훌륭한 생각이나 완벽한 계획을 가지고 있더라도, 실제로 행동으로 옮기지 않으면 그 어떤 열매도 맺을 수 없다는 깊은 가르침을 담고 있습니다. 말만 번지르르하고 행동이 뒤따르지 않는다면, 그 모든 것은 공허한 외침에 불과합니다. 마치 씨앗을 심지 않고 풍성한 수확을 기대하는 것과 같죠.

그러므로 우리는 과거의 실패에 매여 후회하거나 아직 오지 않은 미래를 불안하게 걱정하기보다는 바로 지금 이 순간에 집중하여 최선을 다해야 합니다. 작은 성공에 만족하며 멈추지 않고, 끊임없이 자신을 발전시켜 더 큰 목표를 향해 나아가야 합니다. 또한, 나만을 위한 이기적인 삶에서 벗어나 주변과 세상을 위해 작은 도움이라도 줄 수 있는 삶을 살아야 합니다.

아무리 멋진 외모를 가졌거나, 유창한 말솜씨를 자랑하며, 엄청난 재력과 권력을 누린다 해도, 결정적인 순간에 행동하는 모습을 보이지 못하고 이랬다저랬다 변덕을 부린다면, 세상 그 누구도 진심으로 그 사람을 믿고 따르지 않을 것입니다. 신뢰는 말보다는 행동으로 쌓이는 것이니까요.

현재 자신의 어려운 상황에 불만이 가득하다면, 그 상황에서 벗어나기 위해 구체적인 목표를 세우고 꾸준히 노력해야 합니다. 불평만 늘어놓는다고 달라지는 것은 아무것도 없습니다. 오히려 마음을 편안하게 다스리고 현재의 상황을 받아들이는 지혜가 필요할 수도 있습니다.

남의 부유함을 부러워하거나 높은 지위만을 헛되이 바란다면, 설령 재산을 모으고 높은 자리에 오른다 해도 큰일을 이루기 어려울 뿐더러 평소 자신이 지켜왔던 신념마저 잃어버려 주변 사람들의 손가락질을 받게 될 것입니다. 겉만 번지르르한 성공은 오래 가지 못합니다.

진정으로 훌륭한 사람은 자신의 현재 상황을 정확하게 인식하고 그 안에서 성실하게 살아갑니다. 이러한 삶 속에서 작은 즐거움을 발견하며, 자신의 능력을 발휘하여 세상을 조금이라도 더 나은 곳으로 변화시키는 의미 있는 발자취를 남깁니다. 만약 높은 지위와 많은 재물을 탐하는 마음과 세상을 이롭게 하려는 숭고한 마음이 끊임없이 갈등한다면, 평온한 일상조차 제대로 누릴 수 없게 됩니다. 마음의 균형을 잃으면 앞으로 나아가기 어렵습니다.

이처럼 『주역』의 '이履' 괘는 우리에게 실천의 중요성을 강력하게 일깨워줍니다. 아무리 멋진 그림을 머릿속에 그리고 빛나는 꿈을 꾼다 해도, 그것을 행동으로 옮기지 않으면 그 어떤 것도 현실로 만들 수 없습니다. 오늘부터라도 아주 작은 실천 하나하나를 시작하여, 자신이 진정으로 원하는 꿈을 향해 꾸준히 나아가는 것은 어떨까요? 작은 발걸음이 결국에는 먼 길을 완성합니다.

"나는 현재 어떤 목표를 향해 나아가고 있는가?

그 목표를 이루기 위해 지금 당장 할 수 있는 작은 행동은 무엇일까?

더 나은 내가 되기 위해 오늘부터 실천할 수 있는 단 한 가지는 무엇일까?"

이러한 질문들을 통해 스스로를 깊이 돌아보고, 더욱 발전적인 삶을 향해 끊임없이 나아가도록 노력해야 할 것입니다.

❇ 나를 향한 질문
"나는 지금, 나의 꿈을 이루기 위해 올바른 방향으로 걷고 있는 것일까?"

❇ 핵심 요약
- 훌륭한 사람은 말보다 행동으로 보여주는 사람입니다.
- 아무리 좋은 계획이라도 실천이 없으면 결실을 맺을 수 없습니다.
- 과거와 미래에 얽매이지 말고, 지금 이 순간에 최선을 다해야 합니다.
- 작은 실천 하나하나가 결국 큰 꿈을 이루는 마법이 됩니다.

或躍在淵
도약을 위한 숨고르기

혹약재연 或躍在淵

깊은 못 속에서 도약하다.

이 말은 주역에 나오는 구절로, 재능 있는 인물이 때를 기다리며
잠시 물러나 때로는 도약할 준비를 하는 상황을 비유합니다.
섣불리 나서기보다는 실력을 갈고닦으며
기회를 엿보는 지혜로운 태도를 나타냅니다.
성장을 위한 인내와 준비의 중요성을 기억하세요.

혹시 지금 당신은 깊은 물속에 몸을 숨기고, 힘찬 날갯짓을 준비하는 새처럼 느껴지시나요? 주역은 세상의 모든 것은 멈추지 않고 변화하며 발전한다는 깊은 진리를 이야기합니다. 우리는 주역의 가르침을 통해 삶의 변화를 자연스러운 흐름으로 받아들이고, 끊임없이 성장하려는 노력을 기울여야 합니다. 그중에서도 '혹약재연 或躍在淵'이라는 구절은 마치 깊은 연못 위로 힘차게 뛰어오르기 위해 수면 아래에서 온

힘을 다해 발판을 다지고 있는 역동적인 용의 모습을 떠올리게 합니다. 이는 단순한 움직임을 넘어, 인생의 중요한 전환점을 앞두고 더 큰 도약을 준비하는 과정을 비유적으로 표현한 깊이 있는 가르침입니다.

지금, 당신이 시간과 공간 속에서 어떤 위치에 있는지 명확히 파악하십시오. 때로는 이렇게 해도, 저렇게 해도 틀리지 않을 때가 있습니다. 그러니 무엇이 옳고 그른지 단정적으로 판단하기 어려울 수 있습니다. 중요한 것은 선택의 갈림길에 놓인 당신의 현재 모습입니다.

그 누구도 당신의 선택에 대해 섣불리 이러쿵저러쿵 평가할 수 없습니다. 당신의 능력은 이미 충분히 인정받을 만하며, 변화하는 시점의 흐름에 유연하게 대처하는 지혜 또한 갖추고 있습니다. 이제 당신이 머물러 왔던 익숙한 곳에서 과감히 한 발짝 더 나아가, 더욱 넓고 새로운 세상을 향해 힘찬 날갯짓을 펼칠 때입니다.

『주역』은 우리에게 조용히 속삭입니다.

"고정불변 하는 것은 아무것도 없다."
"이러할 수도 있고, 저러할 수도 있다는 무한한 가능성을 열어두라."

'혹약재연或躍在淵'은 바로 우리에게 현재 자신의 위치와 상황을 냉철하게 분석하고, 미래라는 더 넓은 세상으로 나아가기 위한 만반의 준비를 철저히 할 것을 강조합니다. 지나온 과거의 경험들을 객관적으로 되돌아보고, 현재의 상황을 정확하게 인식하며, 미래에 대한 신중한 계획을 차근차근 세워야 합니다. 인생은 결코 예측 가능한 것만은 아니므로, 어떤 예상치 못한 선택의 순간이 닥치더라도 후회 없이 받아들일 수 있는 굳건한 마음가짐을 갖추는 것 또한 중요합니다. 현재 머무르고 있는 익숙한 자리에 안주하지 않고, 끊임없이 배우고 성장하며 더 넓은 세상으로 나아가려는 능동적인 노력이 필요합니다. 마치 물속에서 힘을 비축한 용이 하늘로 솟아오르듯, 우리 또한 내면의 힘을 키워 더 큰 세상으로 나아갈 준비를 해야 합니다.

'혹약재연'은 단순한 육체적인 도약을 넘어, 우리의 지혜와 용기, 그리고 내면의 강인한 힘을 길러 인생의 더 큰 발전과 성장을 이루기 위한 중요한 준비 과정을 의미합니다. 이 깊은 가르침을 통해 우리는 삶 속에서 예기치 않게 마주하는 어떤 어려움에도 흔들리지 않고, 더욱 담대하게 미래를 개척해 나갈 수 있을 것입니다. 마치 웅크린 자세에서 더 멀리 뛰어오를 수 있듯이, 잠시 멈춤은 더 큰 도약을 위한 준비입니다.

❈ 나를 향한 질문

"나는 지금 어떤 미래를 향해 웅크린 채 준비하고 있는가? 그 목표를 향해 힘찬 도약을 하기 위해 어떤 준비를 하고 있는가? 더 넓은 세상으로 나아가기 위해 지금 당장 시작해야 할 작은 행동은 무엇인가?"

恒常
영원불변은 없다?

항상 恒常

변치 않고 꾸준하다

이 말은 어떤 상황에서도 변하지 않고 늘 한결같음을 의미합니다.
꾸준한 노력과 지속적인 태도는 결국 큰 성과를 가져다 줍니다.
삶의 중요한 가치나 목표를 향해 '항상' 흔들림 없이 나아가세요.

 혹시 '항상'이라는 단어를 들으면 어떤 느낌이 드시나요? 영원히 변치 않는 절대적인 진리처럼 느껴지시나요? 높은 것은 늘 높은 곳에, 낮은 것은 늘 낮은 곳에 있다는 단순한 표현 속에는, 사실 깊은 의미가 숨겨져 있습니다. 이는 변함없는 자연의 이치인 동시에, 세상의 가장 기본적인 질서를 나타내는 말일지도 모릅니다.
 '항상'이라는 단어 속에는, 깊이 생각해 보면 두 가지 중요한 의미가 담겨 있습니다.

하나는 바뀌지 않음이요.
또 다른 하나는 그침이 없음입니다.

하늘과 땅, 동물과 식물 등 세상의 모든 것은 지금 이 순간에도 끊임없이 변화하고 있습니다. 시간이 흐르고 계절이 바뀌면서 그 모습 또한 달라지죠. 하늘과 땅, 동물과 식물, 사람과 짐승, 산과 호수, 높낮이와 형태는 쉽게 변하지 않는 것처럼 보이지만, 지구가 스스로 돌면서 만들어 내는 '오늘'이라는 시간은 늘 새로운 얼굴로 우리를 찾아옵니다.

우리의 마음 또한 마찬가지입니다. 시간의 흐름 속에서 기쁨, 슬픔, 분노 등 다채로운 감정을 느끼며 매 순간 변화합니다. 우리는 그 속에서 쉼 없이 움직이는 자신의 마음을 매일 목격합니다. 깊이 생각해 보면, 시간과 공간은 늘 변화하는 속성을 지니고 있으며, 그 변화를 따라 쉼 없이 움직이는 우리의 마음이야말로 진정한 '항상恒常'이 아닐까요?

바뀜 속에 바뀌지 않는 것과
바뀌지 않는 것에 바뀜,
한 발짝 떨어져 보라.
늘 제자리걸음,
이것이 인생,
이것이 항상 아니겠는가?
끊임없이 쳇바퀴 돌듯 돌아가는 것,
이 또한 항상恒常이 아니겠는가?

'항상恒常'이라는 것은 단순히 변하지 않는 정적인 상태를 의미하는 것이 아니라 끊임없이 변화하는 흐름 속에서도 굳건히 유지되는 어떤 핵심적인 가치나 보편적인 원리를 의미하는 것 같습니다. 우리는 삶의 끊임없는 변화를 자연스럽게 받아들이면서도, 동시에 우리 마음속 깊은 곳에 자리한 변하지 않는 소중한 가치를 굳건히 지켜나가야 합니다. 이 짧은 생각을 통해 우리는 삶의 깊은 의미를 다시 한 번 되새기고, 더욱 지혜롭고 성숙한 삶을 살아갈 수 있는 작은 통찰력을 얻을 수 있기를 바랍니다.

❀ 나를 향한 질문

"나의 삶 속에서, 끊임없이 변화하는 것 속에서도 변치 않는 '항상'은 무엇인가?"

❀ 핵심 요약

- '항상'은 단순히 변하지 않는 것이 아니라, 끊임없이 변화하는 속성을 포함합니다.
- 세상의 모든 것은 변화하며, 우리의 마음 또한 매 순간 움직입니다.
- 변화 속에서도 변치 않는 핵심 가치를 지키는 것이 중요합니다.
- 끊임없이 순환하는 삶의 흐름 자체가 '항상'일 수 있습니다.

觀點
역사의 발자국을 따라, 삶의 길을 찾다

관점 觀點과 관인법 觀人法
관점은 사물을 보고 생각하는 방향이나 태도이고 관인법은 사람을 알아보는 방법이다.

세상을 이해하는 나만의 시각으로 사람의 됨됨이를 파악하는 지혜.
어떤 관점을 갖느냐에 따라 사람을 보는 눈도 달라지죠.
올바른 관점을 통해 사람을 정확히 보고 이해하는 것이 중요합니다.

혹시 오래된 지도를 펼쳐보며 과거의 흔적을 따라가듯, 역사를 통해 삶의 방향을 찾아본 적 있으신가요? 역사는 단순한 과거 이야기가 아니라 인류가 쌓아온 지혜와 경험이 고스란히 담긴 보물지도와 같습니다. 우리는 이 지도를 통해 과거의 빛나는 성공과 뼈아픈 실패를 거울삼아, 현재 우리가 마주한 복잡한 문제들을 해결하고, 더 나아가 미래를 예측하는 놀라운 통찰력을 얻을 수 있습니다.

예로부터 현명한 지도자들은 이 역사라는 지도를 통해 삶의 깊은 지혜를 배우고, 국가를 올바른 방향으로 이끄는 이치를 깨달았습니다.

그들은 지도 속에 찍혀 있는 수많은 발자국들을 주의 깊게 분석하고, 그 안에 숨겨진 의미를 깊이 성찰했습니다. 우리 또한 역사를 배우는 여정을 통해 과거 선조들의 지혜를 배우고, 현재 우리가 서 있는 위치를 더욱 명확하게 이해할 수 있을 것입니다.

개인의 삶의 기록이 모여 한 나라의 역사가 됩니다. 다만 그 범위가 넓어진 만큼 불가피하게 생략되는 부분도 생기고, 지도를 그린 사람(史家)의 주관적인 관점에 따라 강조하고 싶은 내용 중심으로 기록될 뿐입니다.

우리는 역사 속의 제도, 문화, 왕조의 흥망성쇠를 중심으로 배우고 기억하지만, 그 지도의 진짜 의미는 흥했던 시대와 혼란했던 시대, 국가의 안정과 멸망이라는 역사의 큰 흐름 속에서 변하지 않는 삶의 이치를 깨닫는 데 있습니다. 그래야 비로소 우리는 진정으로 역사라는 지도를 읽었다고 말할 수 있을 것입니다.

과거의 현인들은 역사책이라는 지도를 읽다가 중요한 사건 기록이라는 표식을 발견하면, 잠시 책을 덮고 깊이 생각에 잠겼습니다. 두 눈을 지그시 감고 그 사건의 시작과 전개 과정을 머릿속에 그려보고, 과연 어떤 결말이라는 목적지에 도달할지 스스로 예측해 본 후에 다시 지도를 펼쳐 읽었습니다. 자신이 성공할 것이라고 예측했지만 실패한 경우, 혹은 실패할 것이라고 예상했지만 성공한 원인을 꼼꼼하게 분석하면서, 예측이 빗나간 이유가 혹시 운이라는 예상 못한 바람 때문이었는지, 아니면 예측 불가능한 천재지변 때문이었는지를 주의 깊게 살펴보았습니다.

오늘날 우리는 흔히 성공과 실패라는 목적지만을 명확하게 구분하여, 성공한 것은 무조건 옳은 길이고, 실패한 사건은 그릇된 길이었다고 쉽게 단정 짓는 경향이 있습니다.

하지만 역사를 공부하는 진정한 자세는 그 최종 목적지보다는 그 여정의 원인을 깊이 있게 살펴보는 데 있습니다. 역사서라는 지도를 읽으면서 과거 현인들이 그토록 강조했던 나라가 다스려지고 혼란해지는 이치를 깨닫고, 현명하고 훌륭한 인물들이 어떤 마음가짐으로 세상이라는 길을 나아가고 물러났는지를 주의 깊게 살펴 자신의 삶이라는 여정에 적용해 보는 것이야말로 역사 공부의 중요한 목적입니다.

역사를 공부하는 것은 단순한 지식 습득을 넘어, 우리 삶의 의미를 다시 새기고 더욱 나은 미래라는 목적지를 향해 나아가는 데 중요한 밑거름이 됩니다. 역사를 통해 우리는 과거의 어리석은 실수를 되풀이하지 않고, 앞으로 나아갈 방향을 설정하며 미래를 향해 힘차게 나아갈 수 있는 용기를 얻을 수 있습니다. 여러분은 역사라는 지도를 통해 어떤 소중한 길을 발견하셨나요? 역사 공부를 통해 우리는 더욱 현명하고 조화로운 세상을 만들어갈 수 있을 것입니다.

❋ 나를 향한 질문

"나의 삶이라는 지도에서, 나를 이끌어줄 역사의 발자취는 어디에 새겨져 있을까?"

❖ 핵심 요약

- 역사는 인류의 지혜와 경험이 담긴 삶의 지도와 같습니다.
- 과거의 성공과 실패를 통해 현재를 이해하고 미래를 예측하는 통찰력을 얻을 수 있습니다.
- 역사를 공부하는 것은 단순한 지식 습득이 아닌, 삶의 이치를 깨닫는 심오한 과정입니다.
- 역사의 지혜는 우리가 더 나은 미래를 만들어가는 데 중요한 나침반이 되어 줍니다.

流芳百世
나의 삶을 어떤 향기로 채울 것인가?

유방백세 流芳百世

꽃다운 이름이 백세토록 흐른다.

이 말은 훌륭한 업적이나 선행으로 이름을 떨쳐
길이길이 후세에 칭송받는 것을 의미합니다.
한 사람의 긍정적인 영향력과 위대한 공적이 시간과 공간을 초월하여
영원히 기억될 때 사용됩니다.
당신의 삶으로 세상에 좋은 향기를 남기세요.

당신은 역사의 어떤 페이지에 기록되고 싶으신가요? 세상에 이름을 남기는 방법에는 극과 극, 두 가지 길이 있습니다. 하나는 나쁜 짓을 저질러 영원히 지울 수 없는 오명을 남기는 '악취만년惡臭萬年'의 길이요, 다른 하나는 아름다운 향기처럼 오래도록 기억되는 '유방백세流芳百世'의 길입니다. 마치 쓰레기 더미의 악취가 오랫동안 사라지지 않듯, 악한 이름은 영원히 세상에 씻을 수 없는 흔적을 남깁니다. 반대로, 꽃

처럼 향기로운 이름은 세대를 넘어 영원히 사람들의 마음속에 아름답게 기억됩니다. 우리가 축하하는 자리에 놓인 '방명록芳名錄'이라는 단어에서도 '꽃다울 방芳' 자를 사용하는 것은, 귀한 손님의 발걸음을 아름다운 꽃에 비유한 감사한 마음의 표현입니다.

꽃처럼 아름답고 향기로운 이름이 한 세대를 넘어, 열 세대를 넘어, 백 세대가 지나도록 영원히 살아 숨 쉬는 것, 이것이 바로 유방백세流芳百世의 진정한 의미입니다. 당신은 어떤 향기를 세상에 남기고 싶으신가요?

1997년 10월 22일, 제 교무수첩에 적어 놓았던 짧지만 강렬한 다짐의 글이 문득 눈에 띄어 여기에 적어봅니다.

나 죽어 이름을 남기리!
흙 속에 육신을 묻고 묻어도
지우려야 지울 수 없는 이름을 남기리라.
흘러가는 이 짧은 시간에도 최선을 다해서
한 올 한 올 의미 있는 삶을 엮어
영원히 사라지지 않는 그런 이름으로 남으리!

지는 해를 인간의 힘으로 어떻게 붙잡을 수 있겠습니까? 붙잡을 수 없다면, 해가 지기 전에 미리 대비하는 것이 최선의 방법입니다. 이미 기울어진 해를 바라보며 초조해 하기보다, 차분히 자신을 돌아보고 점검하는 것이 현명한 자세입니다. 모든 것은 중간을 지나면 변화하기 마련입니다. 그 변화하는 시점을 정확히 읽어내십시오. 그리고 많은 사람들의 마음을 하나로 모을 수 있는 향기를 만들어내십시오.

당신의 삶이라는 책에 어떤 향기를 기록하시겠습니까?

세상의 모든 것은 끊임없이 변화하며, 흥망성쇠를 반복합니다. 우리는 역사를 통해 이러한 변화의 흐름을 예측하고 미리 준비하며, 주변 사람들과 서로 협력하여 더 나은 미래를 함께 만들어 나가야 합니다. 마치 거친 파도가 끊임없이 몰아치는 바다 위를 항해하는 배처럼, 우리도 변화하는 세상 속에서 흔들리지 않고 자신의 목표를 향해 꿋꿋하게 나아가야 합니다. 변화를 두려워하지 않고 미래를 적극적으로 준비하며, 다른 사람들과 긍정적으로 협력하는 자세야말로 성공적인 삶을 위한 가장 중요한 덕목입니다. 당신의 삶이라는 책의 다음 페이지에는 어떤 향기로운 이야기가 기록될까요?

❀ 나를 향한 질문

"나는 역사의 어떤 페이지 속에서 어떤 향기로 기억되고자 하는가?"

❀ 핵심 요약

- 세상에는 악취만년과 유방백세, 두 가지 극단적인 방식으로 이름

을 남길 수 있습니다.
- 아름다운 향기처럼 영원히 기억되는 유방백세의 삶을 추구해야 합니다.
- 변화하는 세상 속에서 자신의 중심을 잃지 않고 미래를 준비해야 합니다.
- 주변 사람들과 긍정적으로 협력하는 자세가 성공적인 삶의 중요한 열쇠입니다.

介于石
흔들리지 않는 마음의 뿌리

개우석 介于石

『주역』에 보이는 말로 바위처럼 굳건한 마음을 의미한다.

이 말은 어떤 상황에도 흔들리지 않고
바위처럼 굳건한 의지나 태도를 비유합니다.
어려움 속에서도 굳건히 자신의 원칙을 지키며,
쉽게 변하거나 굴하지 않는 강인한 정신을 의미합니다.
당신의 의지를 바위처럼 굳건히 하세요.

혹시 당신은 거센 바람에도 흔들림 없는 바위처럼 어떤 유혹에도 흔들리지 않는 단단한 마음을 가지고 있나요? '개우석介于石'은 단순히 단단한 돌멩이를 뜻하는 것이 아니라 어떤 상황에서도 변치 않는 굳건한 신념과 불굴의 의지를 상징하는 깊이 있는 표현입니다. 마치 겨울의 매서운 추위 속에서도 푸른 잎을 잃지 않고 꿋꿋하게 서 있는 소나무처럼 개우석은 온갖 어려움과 달콤한 유혹 속에서도 자신의 확고한 가치관을 굳건히 지켜나가는 강인한 정신력을 의미합니다. 이는 외부의 어떤 힘에도 쉽게 흔들리지 않는 굳건한 마음을 상징하는 대표적인 말이지요.

빠르게 변화하고 예측하기 어려운 현대 사회에서 우리는 끊임없이 쏟아지는 다양한 유혹과 수많은 선택의 갈림길에 놓이게 됩니다. 당장의 즐거움, 손쉬운 이익, 남들의 화려한 모습…. 이러한 복잡한 상황 속에서 개우석과 같은 굳건하고 흔들리지 않는 마음가짐은 우리를 혼란에 빠지지 않게 붙잡아주고, 올바른 길을 선택하여 나아갈 수 있도록 현명하게 이끌어 줍니다. 흔들리지 않는 마음가짐의 중요성을 함께 생각해 봅시다. 우리는 누구나 좋은 것에 익숙해지면 그 소중함을 쉽게 잊어버리는 경향이 있습니다.

우리는 즐겁고 유쾌한 일이나 입맛을 돋우는 맛있는 음식을 좋아하지만, 너무 익숙해지면 그 고마움을 잊고 함부로 대하거나 소홀히 여기게 됩니다. 마찬가지로, 우리에게 친절을 베풀고 잘해주는 사람에게도 쉽게 무뎌지기 쉽습니다. 개우석처럼 굳건한 마음은 정직, 신뢰, 책임감과 같은 다른 중요한 가치들과 깊이 연결되어 있습니다.

흔들리지 않는 절개를 지닌 사람은 정직하게 살아가며, 다른 사람과의 약속을 소중히 지키고, 자신의 모든 행동에 대해 책임을 지는 성숙한 자세를 보여줍니다. 지나친 친절은 오히려 아첨으로 보일 수 있고, 무례한 행동은 상대방에게 깊은 상처와 모욕감을 줄 수 있습니다.

윗사람에게 지나치게 잘 보이려고 애쓰면 아첨꾼이라는 눈총을 받을 수 있고, 아랫사람을 함부로 대하면 손가락질을 받으며 비난받기 쉽습니다. 이는 마치 "친구 따라 강남 간다."라는 속담처럼, 주변 사람들의 영향에 따라 우리의 행동이 쉽게 변하고 흔들릴 수 있다는 것을 보여줍니다.

하지만 '개우석'처럼 흔들리지 않는 굳건한 마음을 가진 사람은 어떠한 상황 속에서도 자신의 확고한 가치관을 꿋꿋이 지키고, 올바른 판단을 내려 정의로운 행동을 할 수 있습니다. 마치 굳건한 바위처럼 굳세고 단단한 마음을 가진 사람은 어떠한 달콤한 유혹에도 쉽게 흔들리지 않습니다. 아무리 맛있는 음식이라도 매일 먹으면 질릴 수 있듯이, 우리에게 좋은 일만 계속된다면 그 소중함과 감사함을 잊어버릴 수 있습니다. 마찬가지로, 항상 우리에게 친절을 베풀고 잘해주는 사람에게도 당연하게 생각하며 소홀히 대하는 잘못을 저질러서는 안 됩니다. 우리는 어떠한 상황 속에서도 긍정적인 마음을 유지하고, 한쪽으로 치우치지 않는 균형 잡힌 시각으로 올바른 판단을 내리는 습관을 꾸준히 길러야 합니다.

사람들은 즐겁고 기쁜 일에 쉽게 빠져들고, 자신에게 호의를 베푸는 사람에게는 함부로 대하는 경향이 있습니다. 또한, 맛있는 음식을 자주 먹으면 그 맛에 쉽게 질리게 됩니다. 윗사람에게 지나치게 공손하게 행동하다 보면, 자신도 모르는 사이에 선을 넘어 아첨으로 흐르게 되고, 아랫사람을 함부로 대하다 보면 욕됨과 비난이 뒤따르게 마련입니다.

"친구 따라 강남 간다."라는 속담이 괜히 생겨난 말이 아니듯, 우리 주변 환경과 사람들의 영향력은 생각보다 강력합니다. 그러므로 굳건한 절개와 줏대가 없으며, 명확한 목표 의식이 없는 사람은 끊임없이 흔들리고, 순간의 달콤한 유혹에 쉽게 빠지기 쉽습니다.

'아, 개우석介于石이여! 그 굳건함과 변치 않는 절개가 참으로 위대하구나!'

여러분은 과연 어떤 상황에서 가장 쉽게 흔들리십니까? 그리고 개우석과 같은 굳건한 마음가짐을 유지하기 위해 어떤 노력을 기울이고 계십니까?

흔들리는 세상에서 당신을 지켜줄 마음의 중심

이 이야기는 우리가 살아가면서 항상 감사하는 마음을 잃지 않고, 어느 한쪽으로 치우치지 않는 중용의 자세를 지키며, 자신의 확고한 가치관을 굳건히 지키는 것이 얼마나 중요한지를 깊이 있게 깨닫게 해 주는 소중한 교훈을 담고 있습니다. 인생은 끊임없이 우리를 시험하는 다양한 유혹과 시련의 연속이지만, 개우석과 같이 흔들리지 않는 굳건한 마음가짐을 꾸준히 유지한다면 어떠한 어려움도 능히 헤쳐 나갈 수 있다는 강력한 메시지를 전달하고 있습니다. 즉 긍정적인 자세와 중도를 지키는 성숙한 태도, 그리고 어떠한 상황에서도 변치 않는 확고한 신념을 가지고 살아가야 한다는 것을 강조하고 있습니다. 다시 말해, 이 이야기는 우리가 진정으로 행복하고 만족스러운 삶을 살아가기 위해서는 항상 감사하는 마음, 중용의 미덕, 그리고 확고한 가치관이라는 세 가지 중요한 가치를 결코 잊지 말아야 한다는 지혜를 알려주고 있습니다.

❀ 나를 향한 질문

"나의 마음은 지금, 어떤 세상의 바람에도 흔들리지 않는 굳건한 바위와 같은가?"

❀ 핵심 요약

- '개우석'은 흔들리지 않는 굳건한 신념과 의지를 상징합니다.
- 주변의 유혹과 변화에도 자신의 가치관을 굳건히 지키는 것이 중요합니다.
- 감사하는 마음, 중용의 자세, 확고한 신념은 흔들리지 않는 마음의 토대이고, 굳건한 마음은 어떠한 어려움과 유혹에도 굴하지 않고 나아갈 수 있는 힘을 줍니다.

遜志 辨志
아이의 잠재력을 깨우는 두 가지 마음 습관

손지 변지 遜志 辨志

공손하고 겸허한 마음, 자신의 뜻을 분별하고 명확히 하는 태도.

이 말은 겸손한 마음으로 자신의 뜻을 살피고,
옳고 그름을 명확히 분별하는 지혜를 강조합니다.
함부로 뜻을 내세우기보다 겸허하게 자신을 돌아보고,
나아가야 할 올바른 방향을 분명히 아는 것이 중요합니다.

혹시 당신의 아이가 세상을 향해 호기심 가득한 눈빛을 반짝이며 나아가기를 바라시나요? 예로부터 현명한 부모는 아이가 7~8세쯤 되었을 때, 아이의 빛나는 재능을 꽃피우고 올바른 길로 이끌어줄 두 가지 중요한 마음 습관을 가르쳐야 한다고 여겨왔습니다. 첫째는 겸손한 마음으로 배우는 손지遜志, 둘째는 옳고 그름을 명확히 판단하는 변지辨志입니다.

겸손한 마음이란 무엇일까요?

첫째, 자신의 생각만이 옳다고 고집하지 않고, 다른 사람의 의견을 존중하는 마음으로 귀를 기울여 경청하고 받아들이려는 자세를 의미합니다. 마치 빈 그릇이 무엇이든 담을 수 있듯이, 겸손한 마음은 새로운 가르침을 받아들일 준비가 된 열린 마음입니다. 옛 책『서경書經』에도 "오직 학문은 뜻을 겸손히 하고, 그때그때 해야 할 일에 부지런히 힘써야 한다."라는 소중한 가르침이 있습니다.

둘째, 올바른 분별력이란 자신이 나아가야 할 방향을 분명하게 설정하고, 무엇이 옳고 그른지, 무엇을 취하고 버려야 할지를 명확히 판단하는 능력을 의미합니다. 그래야만 앞으로 나아갈 때와 물러설 때, 흔들리지 않는 기준을 가질 수 있기 때문입니다. 마치 나침반이 방향을 제시하듯, 변지는 아이가 삶의 여정에서 길을 잃지 않도록 도와줍니다.

만약 아이가 겸손한 마음을 갖지 못하고 거만하게 행동하면, 함부로 말하고 행동하여 교만하고 게으른 습관이 몸에 배게 됩니다. 마치 닫힌 문처럼, 아무리 좋은 것을 가르치려 해도 마음의 문이 열리지 않아 받아들일 여지가 없게 되지요.

반면에 아이가 가야 할 올바른 방향을 제대로 찾지 못하면, 무엇이 옳고 그른지, 무엇을 취하고 버려야 할지를 명확히 구분하지 못하여 그릇된 말과 잘못된 길로 나아가면서도 스스로 깨닫지 못합니다. 결국 부모가 바랐던 올바른 길, 그리고 아이가 진정으로 성취하고 싶었던 목표지에 도달할 수 없게 됩니다. 마치 목적지를 모르는 배가 방향을 잃고 방황하는 것과 같습니다.

이러한 점에서 '손지遜志'와 '변지辨志'라는 두 가지 가르침이 얼마나 중요한지 알 수 있습니다. 겸손에 마음을 두게 되면, 매일 자신의 부족한 점을 발견하고 겸허한 마음으로 세상의 모든 좋은 가르침을 스펀지처럼 흡수하게 됩니다. 또한, 올바른 분별력에 마음을 두게 되면, 수많은 유혹과 갈림길 앞에서도 흔들리지 않고 올바른 길을 선택하며, 일의 조짐을 미리 알아차려 어떤 어려움도 슬기롭게 헤쳐 나갈 수 있습니다. 따라서 겸손과 분별력은 배움을 시작하는 아이가 가장 먼저 갖춰야 할 중요한 마음 습관입니다.

겸손한 마음으로 다른 사람의 의견을 경청하는 것은 자신을 더욱 객관적으로 바라볼 수 있게 해 줍니다. 동시에, 뛰어난 분별력을 갖추고 자신의 생각을 명확하고 논리적으로 표현할 수 있도록 도와줍니다. 겸손과 분별력은 서로 긍정적인 시너지 효과를 내며, 더욱 성숙하고 조화로운 인격을 형성하는 데 큰 힘이 됩니다. 마치 두 개의 바퀴가 균형을 이루며 앞으로 나아가듯 말입니다.

빠르게 변화하고 예측하기 어려운 현대 사회에서 우리는 다양한 정보와 가치관에 끊임없이 노출됩니다. 이러한 복잡한 상황 속에서 손지遜志는 우리가 다른 사람의 의견을 너그럽게 경청하고, 서로 다른 다양한 관점을 존중하며 넓은 마음으로 포용하도록 이끌어줍니다. 변지辨志는 잘못된 정보에 쉽게 현혹되지 않고 올바른 정보를 현명하게 판단하며, 자신의 확고한 가치관에 따라 주체적으로 선택하고 행동할 수 있도록 든든하게 지지해 줍니다. 마치 험난한 길을 걸어갈 때 튼튼한 지팡이가 되어주는 것처럼 말입니다.

학교에서 친구들과 의견 충돌이 발생했을 때, 먼저 상대방의 의견을 차분하게 경청하고 자신의 생각을 겸손하고 정중하게 표현하는 것은 손지를 실천하는 좋은 예입니다. 또한, 학교의 다양한 동아리 활동에 적극적으로 참여하여 자신의 숨겨진 적성과 재능을 발견하고, 미래의 진로를 신중하게 결정하는 것은 변지를 실천하는 바람직한 자세입니다.

부모는 자녀에게 '손지'와 '변지'를 가르치는 가장 중요한 역할을 합니다. 부모가 먼저 겸손하고 뛰어난 분별력을 갖춘 모범적인 모습을 보여줌으로써, 자녀들은 자연스럽게 이러한 중요한 가치관을 배우고 자신의 것으로 내면화하게 됩니다. 또한, 자녀와의 진솔한 대화를 통해 끊임없이 소통하고, 자녀 스스로 깊이 생각하고 올바르게 판단할 수 있도록 지혜롭게 이끌어주는 것이 무엇보다 중요합니다. 마치 정원사가 어린 나무를 정성껏 가꾸듯, 부모의 따뜻한 지도와 격려는 아이의 올바른 성장에 가장 큰 힘이 됩니다.

아이의 빛나는 미래를 위한 두 개의 날개, 겸손과 분별력

예로부터 아이를 잘 키우는 가장 효과적인 방법은 겸손한 마음과 올바른 판단력을 길러주는 것이라고 여겨왔습니다. 겸손은 다른 사람의 의견을 진심으로 경청하고 존중하며, 배려하는 따뜻한 마음입니다. 겸손한 마음은 아이가 원만한 사회성을 기르고 더 많은 것을 배우며 성장하도록 돕는 든든한 밑거름이 됩니다. 또한, 뛰어난 판단력은 어떤 복잡한 상황에서도 올바른 선택을 할 수 있도록 지혜롭게 이끌어주고, 아이가 자신의 목표를 향해 흔들림 없이 꾸준히 나아가도록 굳건하게 지지해 줍니다.

겸손하지 않으면 다른 사람과의 관계가 어려워지고, 올바른 판단력이 부족하면 잘못된 길로 빠질 수 있습니다. 따라서 아이에게 겸손과 분별력을 어릴 때부터 가르치는 것은 아이의 행복하고 성공적인 삶을 위한 가장 가치 있는 투자입니다. 마치 아이에게 튼튼한 두 날개를 달아주는 것과 같습니다.

❀ 나를 향한 질문

"나는 아이에게 세상을 향해 나아갈 두 개의 튼튼한 날개, 겸손과 분별력을 선물하고 있는가?"

❀ 핵심 요약

- 아이를 올바르게 키우기 위해서는 겸손한 마음(遜志)과 올바른 분별력(辨志)을 가르쳐야 합니다.
- 겸손은 열린 마음으로 배우고 타인을 존중하는 태도이며, 분별력은 올바른 길을 선택하는 능력입니다.
- 겸손과 분별력은 아이의 조화로운 성장과 행복한 삶의 중요한 토대가 됩니다.
- 부모의 모범적인 모습과 지혜로운 지도는 아이의 겸손과 분별력을 키우는 데 결정적인 역할을 합니다.

제 4 장

현재를 살아가는
고전의 성찰

患不知人
당신 옆 사람에게 집중하세요!

불환인지불기지 환부지인야 不患人之不己知 患不知人也

남이 나를 알아주지 않음을 걱정하지 말고, 내가 남을 알지 못함을 걱정하라.

이 말은 공자가 강조한 것으로, 사람을 제대로 알아보지 못하는 것을
가장 큰 근심거리로 여겨야 한다는 뜻입니다.
타인의 본성과 능력을 정확히 파악하는 지혜가 중요하며,
이는 리더나 관계를 맺는 데 필수적인 덕목입니다.

혹시 주변 사람들이 당신의 노력을 몰라주는 것 같아 속상했던 적 있으신가요? '환부지인患不知人', 즉 '사람들이 나의 장점을 알아주지 못함을 걱정하지 말고, 내가 남의 장점을 알아보지 못함을 걱정하라'는 옛 가르침은 우리에게 중요한 깨달음을 줍니다.

우리는 누구나 다른 사람에게 인정받고 싶어 합니다. 하지만 주변 사람들이 나를 알아주지 않을 때, 우리는 쉽게 서운함을 느끼고 "왜 나만 몰라주는 거야?" 하며 남을 탓하게 됩니다.

하지만 잠시만 곰곰이 생각해 봅시다. 우리가 먼저 다른 사람의 좋은 점을 발견하고, 그 사람의 생각을 이해하려고 노력하지 않으면서 어떻게 그들이 우리를 알아주고 인정해 주기만을 바랄 수 있을까요? 오히려 남을 탓하고 원망하는 마음은 우리 스스로를 좁은 틀 안에 가두어 성장의 기회를 놓치게 만들 뿐입니다. 진정한 성장은 다른 사람에게서 구하는 것이 아니라, 바로 우리 자신에게서 시작됩니다. 내가 부족한 부분을 솔직히 인정하고, 다른 사람의 뛰어난 점을 배우려는 열린 마음이야말로 성장의 가장 빠른 길입니다. 다른 사람을 비판하기 전에 먼저 자신을 되돌아보고, 자신의 잘못을 인정하는 겸손함을 기르는 것이 먼저입니다.

우리는 모두 다른 사람의 인정을 간절히 바라지만, 정작 다른 사람을 진심으로 이해하고 존중하려는 노력은 부족한 경우가 많습니다. 마치 거울처럼, 내가 먼저 다른 사람을 비춰줘야 그들도 나를 비춰주는 법입니다. 다른 사람을 탓하기 전에 먼저 자신을 돌아보고 부족한 부분을 채워나가야 비로소 진정한 성장이 가능합니다. 다른 사람의 장점을 발견하고 배우는 것은 곧 나 자신을 성장시키는 가장 확실한 지름길입니다. 다른 사람의 강점을 배우고, 열린 마음으로 그들의 좋은 점을 받아들이며, 나 자신을 객관적으로 돌아보는 겸손한 자세가 필요합니다.

주변 사람들의 작은 장점이라도 찾아내어 진심으로 감사하는 마음을 갖는 작은 실천이, 우리를 더욱 성숙한 사람으로 만들어 줄 것입니다. 마치 작은 씨앗이 큰 나무로 자라듯, 타인의 장점에 대한 우리의 긍정적인 관심은 결국 우리 자신의 성장을 위한 밑거름이 될 것입니다.

성공의 열쇠는 바로 당신 옆에

'환부지인患不知人'은 단순히 다른 사람을 잘 알아보라는 쉬운 말을 넘어, '나 자신을 성장시키는 가장 빠른 길'이라는 더 깊은 의미를 담고 있습니다. 다른 사람의 강점을 배우고, 나의 부족한 부분을 채워나가는 지혜입니다. 닫힌 마음을 열고, 다른 사람을 진심으로 이해하고 포용하는 넓은 마음입니다. 나 자신을 객관적으로 바라보고 끊임없이 발전시켜 나가는 성장의 동력입니다.

이 모든 것은 '남의 장점을 알아보는 작은 실천'에서 시작됩니다. 오늘부터라도 주변 사람들의 작은 장점들을 찾아보고, 그들에게 진심으로 감사하는 마음을 표현해보는 것을 실천해 보는 것은 어떨까요? 이 작지만 의미 있는 실천이, 우리를 더욱 성숙하고 성공적인 사람으로 만들어 줄 것입니다.

❈ 나를 향한 질문

"나는 오늘, 주변 사람들로부터 빛나는 장점을 찾아내고 칭찬하고 감사했는가?"

❋ 핵심 요약

- 다른 사람에게 인정받기 전에, 먼저 다른 사람의 장점을 알아보는 것이 중요합니다.
- 타인의 장점을 배우려는 열린 마음이 곧 자신의 성장을 이끄는 지름길입니다.
- 자신을 객관적으로 돌아보고 부족한 부분을 채우는 겸손함이 필요합니다.
- 주변 사람들의 장점을 찾아 감사하는 마음이 성숙한 사람으로 나아가는 첫걸음입니다.

善不可失
인생의 방향을 바꾸는 두 가지 주문

선불가실 악불가장 善不可失 惡不可長

선한 마음은 잃지 말아야 하고, 악은 자라게 두지 말아야 한다.

『좌전』에 나오는 이 말은 우리가 가진 선한 본성이나
마음을 어떤 상황에서도 놓치지 말아야 함을 강조하고 있습니다.
세상의 유혹과 어려움 속에서도 정의롭고 선한 마음을 지키는 것이야말로
진정한 가치임을 일깨우는 지혜입니다.

혹시 당신에게 좋은 기회가 찾아왔을 때, 망설이다가 놓쳐버린 경험은 없으신가요? 반대로, 작은 나쁜 습관인 줄 알면서도 무심코 키워버린 적은 없으신가요? '선불가실善不可失 악불가장惡不可長'은 「춘추좌씨전」에 나오는 짧지만 강력한 인생의 지침입니다.

좋은 일은 눈앞에 나타났을 때 놓치지 말고 즉시 행하고, 아무리 작은 악한 마음이나 행동이라도 자라나지 않도록 뿌리부터 경계하라는 이 가르침은, 우리 삶의 방향을 송두리째 바꿔놓을 수 있는 놀라운 힘

을 지니고 있습니다.

 좋은 일은 놓쳐서는 안 되고 악한 일은 키워서는 안 되는 이유는 아주 분명합니다. 아무리 사소한 악이라 할지라도 결국 우리 자신의 마음 깊은 곳에서 시작되기 때문입니다. 스스로 그 작은 악을 알아차리고 고치려는 노력을 기울이지 않는다면, 그 누구도 우리의 잘못을 대신 해결해 줄 수 없습니다. 악이 자라나는 속도는 마치 언덕에 붙은 작은 불씨와 같아서, 순식간에 걷잡을 수 없을 정도로 활활 타오르며 모든 것을 태워버립니다. 이는 아주 작은 악행이라도 방치하면, 순식간에 우리 삶 전체를 뒤덮는 큰 문제로 확산될 수 있다는 무서운 진실을 보여줍니다. 마치 작은 바늘구멍 하나가 거대한 배를 침몰시킬 수 있는 것처럼 말이죠.
 이 지혜로운 가르침은 제가 오래된 역사책 『춘추』를 읽던 중 발견한 보석 같은 구절입니다. 이 짧은 문장은 끊임없이 저에게 "혹시 나도 모르는 사이에 내 안의 작은 악을 키워나가고 있는 것은 아닐까?" 하고 스스로를 되돌아보게 만드는 강력한 힘을 지니고 있습니다.

 우리에게 주어진 작은 선행의 기회를 놓치면, 그 선을 실천할 수 있는 소중한 순간은 영원히 다시 찾아오지 않을 수도 있습니다. 시간이 흐른 뒤 문득 "아, 그때 그 기회를 놓치지 않고 용기를 내어 선을 행했어야 했는데…" 하는 깊은 후회가 파도처럼 밀려올 수도 있습니다.
 '선불가실 악불가장'이라는 이 간결하면서도 심오한 가르침은 우리에게 중요한 삶의 지혜를 속삭여 줍니다.

"눈앞에 다가온 작은 좋은 기회를 절대 놓치지 말고, 주저 없이 적극적으로 붙잡아 실천하십시오."

"아무리 사소한 악한 생각이나 행동이라도 가볍게 여기거나 간과해서는 안 되며, 즉시 뿌리 뽑으려는 단호한 노력을 기울여야 합니다."

"자신의 모든 행동에 대한 무거운 책임감을 항상 마음속 깊이 새기십시오."

"끊임없이 자신을 객관적으로 성찰하고, 부족한 부분을 겸허하게 인정하며 개선해 나가려는 강한 의지를 가지십시오."

'선불가실'과 '악불가장'의 두 가지 간단한 원칙을 마음속에 깊이 새기고 실천한다면, 우리는 선한 영향력을 세상에 퍼뜨리고, 우리 자신과 주변을 더욱 긍정적인 방향으로 변화시킬 수 있을 것입니다. 작은 선행의 실천이 모여 결국 우리 삶 전체를 풍요롭게 만드는 놀라운 변화를 만들어낼 수 있다는 것을 기억하며, 오늘 이 순간부터라도 '선불가실 악불가장'의 가르침을 삶의 나침반 삼아 더욱 나은 사람으로 성장하기 위해 노력해야겠습니다.

❀ 나를 향한 질문

"오늘 나에게 찾아왔던 작은 선행의 기회는 무엇이며, 내 마음속에서 자라고 있는 작은 악의 씨앗은 무엇인가?"

※ 핵심 요약
- 좋은 기회는 놓치지 말고 즉시 실천하고, 작은 악행은 뿌리부터 뽑아야 합니다.
- 작은 선행이 큰 변화를 만들고, 작은 악행이 큰 문제를 일으킬 수 있습니다.
- 자신의 행동에 대한 책임감을 느끼고 끊임없이 성찰해야 합니다.

知天命
하늘이 내게 준 특별한 선물?

지천명 知天命

하늘의 명(뜻)을 안다.

이 말은 공자가 50세에 이르러 깨달았다고 한 경지입니다.
인생의 굴곡과 한계를 인정하고,
타고난 운명과 세상의 이치를 겸허히 받아들이는 지혜로운 태도를 의미합니다.
자신의 한계를 알고 하늘의 뜻에 순응하는 성숙함을 뜻합니다.

혹시 당신은 이 넓은 세상에 그저 우연히 태어났다고 생각하시나요? "천명天命을 알라!"라는 이 외침은, 우리에게 삶의 진정한 의미와 우리가 나아가야 할 고유한 방향을 제시합니다. 세상의 모든 것은 오직 하늘의 놀라운 조화造化로 말미암아 존재합니다. 그 오묘한 조화로 빚어진 당신이라는 소중한 가치를 깨닫고, 그 가치에 걸맞은 당신만의 특별한 역할을 다할 때, 비로소 당신은 가장 빛나는 삶의 주인공이 될 수 있습니다.

이 문장은 우리가 그저 흘러가는 대로 존재하는 것이 아니라, 하늘이 부여한 특별한 의미와 소명을 가지고 이 세상에 왔음을 깨닫게 해줍니다. 마치 씨앗 속에 이미 아름다운 꽃을 피울 운명이 담겨 있듯이 말입니다.

여기서 '명(命)을 알아차린다'는 것은, 하늘이 당신에게 부여한 고유한 역할과 책무를 정확히 인식하고, 이것이야말로 당신이 마땅히 걸어가야 할 단 하나뿐인 삶의 길임을 확신하며 살아가는 것을 의미합니다.

우리 각자의 삶이라는 무대에는 반드시 수행해야 할 고유한 역할이 주어져 있습니다. 마치 무대 위의 배우가 자신에게 주어진 배역을 혼신의 힘을 다해 연기하듯이, 우리 또한 각자에게 주어진 천명을 충실히 수행해야 합니다. 자신의 천명을 깨닫지 못하면, 정작 자신이 나아가야 할 길에 놓인 작은 어려움조차 회피하려 하며, 자신의 노력 없이 얻어지는 부당한 이익을 탐하게 됩니다. 그 결과 그의 삶은 과연 어떠하겠습니까? 입으로는 숭고한 학문을 논하고 성현의 말씀을 읊으면서도, 실제로는 타인에게 손가락질 받는 부끄러운 존재로 전락하지 않겠습니까? 마치 제 옷에 맞지 않는 옷을 억지로 입은 것처럼 불편하고 어색한 삶을 살게 될 것입니다.

『논어』의 첫 구절에서 공자께서는 "남들이 자신의 진정한 가치를 알아주지 않아도 서운해 하거나 노여워하지 않는다면 군자라 할 만하다"고 말씀하셨고, 마지막 구절에서는 "천명天命을 깨닫지 못하면 군자君子가 될 수 없다"고 단호하게 강조하셨습니다. 이 두 말씀을 통해 공자께서 군자의 가장 중요한 덕목으로 천명을 얼마나 소중하게 여기셨는지 분명히 알 수 있습니다. 마치 건물의 첫 번째 기둥과 마지막 지붕처럼, 천명을 아는 것은 군자가 되는 시작이자 끝이라고 할 수 있습니다.

본래 공부란 군자다운 삶을 살아가는 올바른 방법과 방도를 탐구하는 과정이며, 나아가 하늘이 나에게 부여한 천명을 깨닫고 세상이라는 무대에서 자신의 고유한 역할을 충실히 수행하는 것이라 할 수 있습니다. 그러므로 공부는 단순히 머릿속에 피상적인 지식을 쌓는 것에 그치는 것이 아니라 자신이 이 세상에서 어떠한 가치 있는 역할을 수행해야 하는지를 깊이 깨닫고, 그 역할을 능동적으로 수행하기 위한 필수적인 준비 과정입니다. 마치 항해사가 별자리를 보며 자신의 항로를 정하듯, 공부는 우리가 천명을 향해 나아갈 수 있도록 안내하는 별과 같습니다. 이러한 맥락에서 맹자께서는 "천명天命을 깨달은 사람은 장차 무너지려는 담 밑에 서 있지 않으며, 큰 물난리가 날 것을 알면서도 자신의 방에 머무르지 않는다"고 말씀하셨습니다. 이는 곧 위험한 상황을 미리 예측하고 슬기롭게 피하여 안전한 곳으로 옮겨가라는 심오한 가르침입니다. 마치 숙련된 조종사가 위험한 기류를 미리 감지하고 안전하게 항로를 변경하는 것처럼 천명을 아는 사람은 삶의 위험을 미리 감지하고 피할 수 있는 지혜를 갖게 됩니다.

자신의 삶에 깊은 의미를 부여하고, 명확한 목표를 설정해야 합니다. 자신이 가진 고유한 재능과 강점을 스스로 발견하고, 발견한 재능과 강점을 통해 세상에 긍정적인 영향력을 행사하고 이바지해야 합니다. 끊임없이 배우고 스스로를 연마하며 성장해야 합니다. 주변의 위험을 현명하게 피하고 자신의 안전을 스스로 확보해야 합니다. 마치 씨앗이 싹을 틔우고 줄기를 뻗어 마침내 아름다운 꽃을 피우듯, 우리 또한 천명을 향해 나아가는 여정 속에서 끊임없이 성장해야 합니다.

❀ 나를 향한 질문

"하늘은 내게 어떤 특별한 재능을 주었으며, 나는 그 선물을 어떻게 더불어 나누고자 하는가?"

❀ 핵심 요약

- 우리는 모두 하늘이 부여한 특별한 의미와 소명을 가지고 태어났습니다.
- 천명을 아는 것은 자신이 걸어가야 할 고유한 삶의 길을 확신하는 것입니다.
- 공부는 천명을 깨닫고 세상에서 자신의 역할을 수행하기 위한 준비 과정입니다.
- 천명을 깨달은 사람은 삶의 위험을 미리 감지하고 피할 수 있는 지혜를 갖습니다.
- 자신의 재능을 발견하고 연마하여 세상에 긍정적인 영향을 주어야 합니다.

學到無疑 便有疑
잠자는 천재성을 깨우는 질문

학도무의 변유의 學到無疑 便有疑

배움이 일정 경지에 이르면 의심이 없어지는 듯하지만 곧 새로운 의문이 생겨난다.

이 말은 진정한 배움의 깊이를 표현합니다.
처음에는 모든 것을 아는 듯해도 학문이 깊어질수록
오히려 새로운 의문과 질문이 생겨난다는 뜻입니다.
이는 지적 겸손과 끝없는 탐구 정신의 중요성을 일깨우는 지혜입니다.

혹시 "왜?"라는 질문을 입에 달고 살던 어린 시절을 기억하시나요? 어른들은 가끔 귀찮아 했지만, 그 질문이야말로 세상을 배우는 가장 강력한 엔진이었습니다. "의문점을 갖는다는 것은 공부의 출발로 여겨도 좋다"는 말처럼, 질문이야말로 지식의 문을 여는 첫 번째 열쇠입니다. 우리가 스스로 무엇을 모르는지 깨닫는 바로 그 순간, 비로소 진정한 배움의 여정이 시작됩니다. 그리고 그 여정의 최종 목적지는, 깨달은 바를 우리 삶에 적극적으로 적용하여 현실에서 유용하게 활용하는 데 있습니다.

　세상 만물 속에 깊이 숨겨진 진짜 이치는 그저 눈으로 보거나 귀로 듣는 피상적인 방법으로는 쉽게 잡히지 않습니다. 마침내 그 이치를 온전히 깨닫기 위해서는 끊임없이 "왜?"라고 질문하고, 스스로 깊이 파고드는 노력이 반드시 필요합니다. 처음에는 자신이 무엇을 모르는지조차 제대로 알지 못하기 때문에, 질문조차 떠오르지 않을 수 있습니다.

　하지만 어느 순간 작은 의문 하나가 마음속에 피어나고, 그 질문을 따라 탐험하는 순간 우리는 희미하게나마 앎이라는 새로운 세계로 나아가는 첫 발걸음을 내딛게 되는 것입니다. 이는 마치 어둠 속에서 작은 불빛을 발견하고 그 빛을 따라 나아가는 것과 같습니다.

　처음 던진 서툰 질문에서 작은 해답 하나를 얻게 되면, 그 깨달음은 또 다른 더 깊고 넓은 질문들을 꼬리에 꼬리를 물고 끌어냅니다. 마치 새까맣게 몰려왔던 먹구름이 시원한 소나기를 쏟아낸 후, 맑고 푸른 하늘이 그 아름다운 모습을 드러내듯, 오랫동안 마음속에 쌓여왔던 수많은 궁금증들이 하나씩 명쾌하게 해결되고 나면, 마침내 밝고 숭고한 진리가 그 모습을 온전히 드러내어 더 이상 그 어떤 의심도 품을 여지 없이 명확하게 알게 되는 것입니다.

　끊임없는 질문은 마치 촉촉한 봄비가 메마른 땅을 적시고 깨끗하게 정화시키듯, 우리의 지식의 지평을 넓혀주고 깊이를 더해 줍니다. 이것이야말로 멈추지 않는 탐구와 성장의 끝없는 여정, 곧 '공부'라는 위대한 여정의 궁극적인 모습입니다.

일찍이 필자의 존경하는 스승이신 병주屛洲 이종락李鍾洛 선생님께서 제게 주신 한 수의 시는, 평생 동안 제가 학문에 정진하는 데 있어 채찍과 같은 귀한 가르침이 되어 주었습니다.

事來易處 知難處 사래이처 지난처
學到無疑 便有疑 학도무의 변유의
穀要熟兮 仁要熟 곡요숙혜 인요숙
雲開日朗 復誰疑 운개일랑 부수의

일이 순조롭게 풀리는 쉬운 곳에 이르거든
반드시 어려운 곳이 있음을 깨달아야 하고,
학문에 정진하여 더 이상 의심이 없다고 생각될 때,
문득 다시 의문을 품어보라.
곡식도 충분히 익어야 비로소 제 맛을 내듯
인仁 또한 끊임없는 수양을 통해 숙성되어야 하니,
구름이 걷히고 밝은 햇살이 온 세상을 비추면
그 무엇을 다시 의심하겠는가?

　이는 결코 쉬운 것에 안주하려 하지 말고 끊임없이 더 어렵고 심오한 분야에도 적극적으로 도전하고 깊이 탐구하며, 이미 충분히 알고 있다고 오만하게 생각하는 내용조차 다시 한 번 철저하게 의심하고 진지하게 성찰하는 겸손한 자세를 강조하는 것입니다. 마치 잘 익은

곡식만이 비로소 풍요로운 결실을 맺듯, 학문 또한 끊임없는 질문과 탐구를 통해 깊이 파고들어야 비로소 진정한 이해에 도달할 수 있다는 스승님의 깊은 가르침입니다.

참된 학습은 멈추지 않는 질문에서 시작됩니다. 마치 엔진처럼, 끊임없이 의문을 품고 깊이 탐구하는 능동적인 자세를 견지해야 합니다. 깊이 있는 질문과 끈질긴 탐구를 통해서만 비로소 우리 안에 잠재된 진정한 지혜, 즉 '천재성'에 도달할 수 있습니다. 쉬운 것에 안주하려 하지 말고, 끊임없이 더 어렵고 깊이 있는 질문에 용감하게 도전해야 합니다.

질문은 단순한 호기심을 자극하는 작은 불꽃이 아니라 우리 삶의 근본적인 변화를 이끌어내는 강력한 엔진과 같은 힘을 지니고 있습니다. 끊임없이 질문하고 깊이 탐구하는 능동적인 자세를 통해 우리는 더욱 지혜롭고 풍요로운 삶, 즉 우리 안에 숨겨진 '천재성'을 활짝 꽃피우는 삶을 살아갈 수 있습니다.

❈ 나를 향한 질문

"나의 마음속에는 지금, 어떤 질문이 나의 천재성을 깨우기 위해 속삭이고 있을까?"

❈ 핵심 요약

- 질문은 학습의 가장 중요한 첫걸음이며, 지식의 문을 여는 열쇠입니다.

- 끊임없이 질문하고 탐구하는 과정을 통해 깊은 진리에 도달할 수 있습니다.
- 쉬운 것에 안주하지 않고 어려운 질문에 도전하는 자세가 중요합니다.
- 질문은 단순한 호기심을 넘어, 우리 삶의 근본적인 변화를 이끌어 내는 강력한 힘입니다.
- 능동적인 질문과 탐구를 통해 우리 안에 잠재된 천재성을 깨울 수 있습니다.

擇善固執
당신의 오늘을 디자인할 단 하나의 선택

군자 택선이고집지 君子 擇善而固執之

군자는 선을 택하여 굳게 지킨다.

『중용』에 나오는 이 말은
좋은 것을 가려내어 흔들림 없이 고수하는 태도를 의미합니다.
옳은 길이라 판단되면 어떠한 유혹이나 어려움 속에서도
자신의 신념을 굽히지 않고 나아가는 지혜로운 자세를 강조합니다.

혹시 매일 뜨고 지는 해를 보며 어떤 생각을 하시나요? 우리는 매 순간 크고 작은 선택을 하며 살아가고 있습니다. 그리고 그중에서도 어떤 마음으로 세상을 바라볼 것인가, 어떤 인생관을 선택할 것인가는 삶의 전체적인 색깔과 방향을 결정하는 가장 강력한 선택입니다. 긍정적인 마음으로 배우고 성장하는 삶을 선택한다면, 우리는 매일매일 더욱 풍요롭고 행복한 이야기를 써 내려갈 수 있을 것입니다.

선택은 참으로 중요합니다. 누가 나를 선택하든, 내가 누구를 선택하든, 앞으로 나아갈지, 뒤로 물러설지, 혹은 이 자리에 머무를지….

진취적인 사람은 늘 새로운 도전을 꿈꾸고, 겸손한 사람은 때로는 한 발짝 물러서는 지혜를 발휘합니다. 하지만 멈추는 것을 선택한다 해도, 끊임없이 변화하는 시간과 세상은 우리를 가만히 내버려 두지 않습니다.

우리는 '항상恒常'이라는 단어를 어떻게 이해하고 있을까요? 단순히 지금의 상태를 유지하는 것이라고 생각하진 않으신가요? 주역에서는 '항恒'을 멈추지 않고 변화하는 세상의 흐름에 조화롭게 발맞춰 나아가는 것이라고 이야기합니다. 변화를 거부하면 결국 뒤처지고 고립될 수 있다는 깊은 의미를 담고 있지요. 그렇다면, 우리 삶에서 가장 중요한 선택은 과연 무엇일까요?

나라를 이끄는 지도자의 중대한 결정, 인생의 갈림길에서 마주하는 선택, 마음을 나눌 친구를 고르는 일, 지혜를 탐구할 책을 선택하는 행위, 맛있는 음식을 고르는 소소한 즐거움, 삶의 터전이 될 집을 구하는 일, 편리한 이동 수단을 선택하는 것…. 이 모든 선택들은 다 소중하고 중요하며, 우리의 삶을 채우는 필수적인 조각들입니다.

하지만 저는 그중에서도 가장 근본적이고 중요한 선택은 바로 '자신의 관점을 선택하는 것'이라고 감히 말씀드리고 싶습니다.

우리에게는 오늘이라는 소중한 하루가 어김없이 주어졌습니다. 누구에게나 똑같이 주어진 이 하루는, 우리가 어떤 마음으로 세상을 바라보느냐에 따라 삶의 풍경과 나아가는 방향, 심지어 속도까지 완전히 달라집니다. 이것이 바로 세상에 다채로운 삶의 이야기가 펼쳐지는 이유일 것입니다. 매일 떠오르는 해와 매일 지는 해는, 겉으로 보기엔 같은 자연 현상일 뿐일지도 모릅니다.

하지만 떠오르는 해를 보며 희망을 품는 긍정적인 사람과, 지는 해를 보며 하루를 차분히 마무리하는 사람의 삶의 태도와 방식은 분명히 다를 것입니다. 이는 마치 동전의 양면과 같아서, 겉으로는 같은 하루일지라도 그 이면에는 분명히 다른 마음가짐이 존재하며, 이는 삶의 다양한 모습으로 나타납니다. 긍정적이고 적극적인 마음은 우리를 희망이라는 꽃봉오리로 피어나게 하여 설렘과 행복으로 가득한 문을 열어주지만, 소극적이고 부정적인 마음은 세상을 온통 회색빛으로 물들이며, 결국 불행과 절망으로 우리를 이끌어갈 수도 있습니다. 자, 이제 당신은 어떤 시선으로 이 세상을 바라보고 있습니까? 어떤 마음으로 주변의 모든 것을 대하고, 사람들과 관계를 맺으며, 기쁨과 슬픔을 표현하고 있습니까? 잠시 멈춰 서서 자신을 깊이 돌아보는 이 시간이, 당신에게 진정으로 행복한 순간이 되기를 간절히 바랍니다.

희망의 빛을 밝히는 긍정의 힘

우리는 매 순간 선택의 기로에 놓이며, 이러한 선택들이 모여 삶이라는 아름다운 이야기를 완성해 갑니다. 특히, 인생이라는 큰 그림을 그리는 데 있어 가장 중요한 선택은 바로 '나' 자신의 관점을 긍정적으로 선택하는 것입니다. 끊임없이 변화하는 세상 속에서도 굳건한 긍정적인 마음을 지니는 것은, 어떤 어려움 속에서도 희망의 빛을 잃지 않고 앞으로 나아가는 가장 강력한 힘이 됩니다. 그러므로 우리는 매일의 선택을 통해 삶의 방향을 설정하고, 자신을 믿으며 긍정적인 마음으로 나아갈 때 더욱 행복하고 풍요로운 삶을 현실로 만들어갈 수 있습니다.

❂ 나를 향한 질문
"나는 어떤 색깔의 렌즈를 끼고 세상을 바라보고 있는가?"

❂ 핵심 요약
- 인생의 가장 중요한 선택은 세상을 바라보는 자신의 관점을 선택하는 것입니다.
- 긍정적인 마음은 행복하고 충만한 삶을 향한 강력한 첫걸음입니다.
- 매일의 선택을 통해 삶의 방향과 속도를 스스로 결정할 수 있습니다.
- 긍정적인 관점은 어려움 속에서도 희망을 잃지 않고 나아가게 하는 힘입니다.

天生我材 必有用
당신의 빛나는 역할, 당신의 무대

천생아재 필유용 天生我材 必有用

하늘이 나에게 재능을 주었으니 반드시 쓸모가 있다.

이 말은 당나라 시인 이백의 시, 「장진주將進酒」에서 유래했습니다.
아무리 어려운 상황에 부닥치더라도,
모든 사람은 저마다 타고난 재능과 가치가 있음을 믿고
언젠가 빛을 발할 기회가 있음을 뜻합니다.
자신감을 가지고 당신의 재능을 펼치세요.

우리는 모두 '이 세상'이라는 거대한 무대에 특별한 역할을 부여받아 태어났습니다. 마치 배우가 자신에게 주어진 배역에 혼신의 힘을 다해 몰입해야 하듯, 우리 또한 각자의 역할을 정확히 깨닫고 그 역할을 진심으로 살아낼 때 비로소 삶의 진정한 의미와 깊은 행복을 경험할 수 있습니다. 세상 모든 것은 오직 하늘의 오묘한 조화造化로 말미암아 이 세상에 존재합니다. 그 놀라운 조화로 빚어진 당신이라는 소중한 가치를 깨닫고, 그 가치에 걸맞은 당신만의 역할을 충실히 수행할 때, 당신은 비로소 가장 빛나는 인생이라는 한 편의 아름다운 드라마의 주인공이 될 수 있습니다. 이것이 바로 진정한 행복으로 향하는 첫걸음이자, 당신 삶의 올바른 방향을 설정하는 가장 지혜로운 길입니다.

여기서 명命을 알아차린다는 것은, 하늘이 당신이라는 존재에게 부여한 고유한 역할과 책임감을 정확히 인식하고, 이것이야말로 당신이 마땅히 걸어가야 할 단 하나뿐인 삶의 길임을 굳게 믿고 살아가는 것을 의미합니다.

당신의 삶이라는 무대에는 당신만이 연기할 수 있는 특별한 배역이 준비되어 있습니다. 마치 무대 위의 배우가 자신의 배역을 통해 관객에게 감동을 선사하듯, 당신 또한 당신의 역할을 통해 세상에 아름다운 영향력을 펼칠 수 있습니다. 자신의 천명天命을 깨닫지 못하면, 정작 당신이 나아가야 할 길에 놓인 작은 어려움조차 피하려 하고, 당신의 노력 없이 얻어지는 부당한 이익을 탐하게 됩니다. 그 결과 당신의 삶은 과연 어떠하겠습니까? 입으로는 숭고한 가치를 이야기하고 아름다운 말을 늘어놓으면서도, 실제로는 주변 사람들의 손가락질을 받는 부끄러운 모습으로 남을 수 있습니다. 마치 제 옷이 아닌 남의 옷을 억지로 입은 것처럼, 어색하고 불편한 삶을 살아갈 수 있습니다.

『논어』의 첫 구절에서 공자께서는 "남들이 당신의 진정한 가치를 알아주지 않아도 서운해 하거나 노여워하지 않는다면 군자라 할 만하다"고 말씀하셨고, 마지막 구절에서는 "천명天命을 깨닫지 못하면 군자君子가 될 수 없다"고 단호하게 강조하셨습니다. 이 두 말씀을 통해 공자께서 군자의 가장 중요한 덕목으로 천명을 얼마나 소중하게 여기셨는지 분명히 알 수 있을 것입니다. 마치 건물의 가장 중요한 기둥처럼, 천명을 아는 것은 당신의 삶이라는 집을 튼튼하게 지탱하는 핵심이라 할 것입니다.

본래 배움이란 당신이라는 존재가 이 세상을 살아가는 올바른 방법과 지혜를 탐구하는 과정이며, 나아가 하늘이 당신에게 부여한 천명을 깨닫고 당신이 서 있는 세상이라는 무대에서 당신만의 고유한 역할을 충실히 수행하는 것이라 할 수 있습니다. 그러므로 배움은 단순히 머릿속에 피상적인 지식을 쌓는 것에 그치는 것이 아니라 당신이 이 세상에서 어떠한 가치 있는 역할을 수행해야 하는지를 깊이 깨닫고, 그 역할을 능동적으로 수행하기 위한 필수적인 준비 과정입니다. 마치 항해사가 밤하늘의 별을 보며 자신의 항로를 결정하듯, 배움은 당신이 당신의 천명을 향해 나아갈 수 있도록 밝게 비춰주는 별과 같습니다. 이러한 맥락에서 맹자께서는 "천명天命을 깨달은 사람은 장차 무너지려는 담 밑에 서 있지 않으며, 큰 물난리가 날 것을 알면서도 자신의 방에 머무르지 않는다"고 말씀하셨으니, 이는 곧 당신에게 닥쳐올 위험을 미리 감지하고 슬기롭게 피하여 안전한 곳으로 옮겨가라는 심오한 가르침입니다. 마치 숙련된 배우가 극의 흐름을 미리 예측하고 자신의 연기를 준비하듯, 천명을 아는 사람은 삶의 변화를 예측하고 슬기롭게 대처할 수 있는 지혜를 갖게 됩니다.

당신의 삶에 깊은 의미를 부여하고, 당신만의 명확한 목표를 설정하십시오. 당신이 가진 고유한 재능과 강점을 스스로 발견하고, 발견한 재능과 강점을 통해 세상에 긍정적인 영향력을 펼치고 이바지하십시오. 끊임없이 배우고 당신 자신을 연마하며 성장하십시오. 당신 주변의 위험을 현명하게 피하고 당신의 안전을 스스로 확보하십시오. 마치 씨앗이 싹을 틔우고 아름다운 꽃을 피워내듯, 당신 또한 당신의 천명을 향해 나아가는 여정 속에서 끊임없이 성장하며 당신만의 아름다운 인생을 완성해 나가십시오.

❀ 나를 향한 질문

"나라는 배우에게 주어진 가장 빛나는 역할은 무엇이며, 나는 그 무대를 어떻게 채워 나가고자 하는가?"

❀ 핵심 요약

- 당신은 이 세상이라는 무대에 특별한 역할을 부여받아 태어났습니다.
- 당신의 역할을 정확히 인지하고 헌신할 때, 삶의 진정한 의미와 행복을 느낄 수 있습니다.
- 천명을 아는 것은 당신이 걸어가야 할 고유한 삶의 길을 확신하는 것입니다.

- 배움은 당신의 천명을 깨닫고 역할을 수행하기 위한 중요한 준비 과정입니다.
- 당신의 고유한 재능을 통해 세상에 긍정적인 영향력을 펼치십시오.

橫財
벼락부자! 행복의 로또 혹은 불행의 씨앗?

횡재 橫財

뜻밖에 얻는 재물

이 말은 예상치 못하게 얻게 되는 큰돈이나 재물을 뜻합니다.

노력 없이 갑자기 찾아온 행운을 의미하기도 하지만,

때로는 그로 인해 발생할 수 있는 부작용이나

조심스러운 태도를 함축하기도 합니다.

혹시 로또 당첨처럼 예상치 못한 큰돈이 당신에게 굴러 들어온다면, 당신의 삶은 완전히 행복으로 가득 찰 것이라고 생각하시나요? 횡재橫財, 즉 예상치 않게 갑자기 얻게 된 재물은 마치 하늘에서 뚝 떨어진 달콤한 선물처럼 우리를 매혹합니다.

누구나 한 번쯤 꿈꿔보는 횡재! 하지만 그 달콤함 뒤에는 어떤 어두운 그림자가 숨어 있을까요? 우리는 더 나은 삶을 향해 끊임없이 노력하지만, 때로는 땀 흘린 노력의 결실보다는 예상치 못한 행운, 즉 횡재를 간절히 바라기도 합니다. 마치 요행을 바라는 어린아이처럼 말이죠.

횡재는 당장의 경제적인 어려움을 해결하고 새로운 기회를 열어주는 긍정적인 면을 가지고 있습니다. 하지만 동시에 우리 안에 숨겨진 탐욕을 부추기고, 오랫동안 소중하게 쌓아온 인간관계를 한순간에 파괴하며, 마음속 깊은 곳에 불안이라는 어두운 그림자를 드리우는 부정적인 측면 또한 결코 간과할 수 없습니다. 로또 당첨과 같은 갑작스러운 횡재는 우리에게 상상 이상의 큰 기쁨을 안겨줄 수 있지만, 동시에 감당하기 힘든 주변의 시선과 책임감, 그리고 예상치 못한 외로움을 느끼게 할 수도 있습니다. 갑자기 달라진 주변 사람들의 낯선 태도에 어찌할 바를 모르고, 불어난 재산을 어떻게 관리해야 할지 몰라 밤잠을 설치는 경우도 많습니다. 때로는 횡재로 얻은 부가, 우리가 상상조차 하지 못했던 불행의 씨앗이 되어 우리의 삶을 송두리째 뒤흔들기도 합니다. 마치 달콤한 독이 든 사과처럼, 겉은 번지르르하지만 속은 곪아 있을 수도 있는 것이 바로 횡재의 양면성입니다.

우리는 더 나은 미래라는 목표를 향해 쉼 없이 달려갑니다. 남들에게 뒤처질세라 아등바등 애쓰고, 노력의 달콤한 결과로 얻는 재물은 우리의 삶을 움직이는 든든한 엔진이 됩니다. 큰 꿈을 향해 나아가는 사람, 더 높고 넓은 목표를 향해 끊임없이 도전하는 사람, 소박하지만 소중한 꿈을 꾸는 사람, 그리고 당장의 힘겨운 생계를 유지하기 위해 하루하루를 살아가는 사람 등 세상에는 참으로 다양한 삶의 모습들이 존재합니다. 설령 이러한 다양성이 우주의 아름다운 조화라고 할지라도, 우리가 살아가는 데 필요한 기본적인 재물은 결국 우리의 땀과 노력의 결실, 즉 월급이나 사업 수입과 같은 형태로 우리에게 다가옵니다. 우리는 이러한 노력의 결실을 통해 하루하루의 소중한 일상을 꾸려나갑니다.

그러다 어느 순간, 예상치 못한 행운, 즉 횡재가 마치 안개처럼 우리 눈앞에 나타나 오랫동안 굳건히 지켜왔던 우리의 가치관을 흐릿하게 만들고, 때로는 감당하기 어려운 혼란 속으로 우리를 밀어 넣기도 합니다. 언뜻 보기에는 너무나 달콤하고 매력적이지만, 과연 그럴까요? 횡재는 오랫동안 우리 삶의 기반이 되어주었던 소중한 가치관을 뿌리째 흔들고, 때로는 감당하기 어려운 혼란을 가져와 우리의 삶을 예상치 못한 방향으로 이끌어갈 수도 있습니다. "아이고 환장하겠네!"와 같은 절규는 횡재의 어두운 그림자를 단적으로 보여주는 슬픈 외침일지도 모릅니다. 좋게 말해 노력 없이 얻은 큰돈이지만, 그 순간의 간절한 욕망을 자극하는 것이 바로 복권일 수 있습니다.

길을 걷다 보면 도로가 꽉 막힐 정도로 길게 늘어선 사람들의 줄을 보게 됩니다. 그 이유는 바로 복권 구매를 위한 줄서기인데, 이것이 진정으로 횡재를 바라는 간절한 마음일까요, 아니면 고된 현실 속에서 잠시나마 꿈을 꾸는 또 다른 슬픈 노력의 모습일까요?

그렇다면 횡재를 바라보는 건강한 마음가짐은 무엇일까요? 횡재는 분명 뿌리치기 힘든 매력적인 유혹이지만, 그것에 기대어 한탕을 노리기보다는 스스로 노력하는 굳건한 자세가 훨씬 더 중요합니다. 꾸준한 땀과 노력을 통해 얻는 성취감은, 횡재를 통해 얻는 일시적인 짜릿한 기쁨보다 훨씬 더 크고 오랫동안 지속되는 진정한 행복을 가져다줄 것입니다. 횡재는 예상치 못한 달콤한 선물이지만, 우리 삶의 진정한 주인은 바로 우리 자신입니다. 우리는 스스로의 끊임없는 노력과 땀방울을 통해 더욱 풍요롭고 의미 있는 삶이라는 아름다운 열매를 맺을 수 있습니다.

벼락부자의 꿈보다, 스스로 만들어가는 행복

횡재는 로또 당첨처럼 달콤하게 다가올 수 있지만, 노력 없이 얻은 갑작스러운 부는 삶의 균형을 깨뜨리고 소중한 인간관계를 변화시켜 예상치 못한 불안과 깊은 공허감을 초래할 수 있습니다. 횡재를 바라는 마음 깊은 곳에는, 땀 흘리지 않고 쉽게 얻고자 하는 위험한 욕망이 숨어 있을 수 있습니다. 진정한 행복은 돈으로 쉽게 살 수 없는 사랑, 건강, 그리고 무엇보다 자기 자신에 대한 깊은 만족감에서 비롯된다는 것을 결코 잊지 말아야 합니다.

예상치 못한 행운보다는 스스로의 힘으로 차근차근 이루어낸 성취가 훨씬 더 크고 오래 지속되는 행복을 가져다주며, 묵묵히 흘리는 땀방울과 꾸준한 노력이 결국 성공으로 향하는 가장 확실하고 안전한 길임을 잊지 마세요. 돈보다 훨씬 더 소중한 가치를 항상 마음속 깊이 새기고, 스스로의 힘으로 행복을 만들어가는 주체적인 삶을 살아가시기를 바랍니다.

❀ 나를 향한 질문

"나의 삶을 진정으로 풍요롭게 만들 수 있는 것은, 예상치 못한 횡재일까? 아니면 꾸준한 노력일까?"

❀ 핵심 요약

- 횡재는 일시적인 기쁨을 줄 수 있지만, 삶의 균형을 깨뜨리고 불행을 초래할 수도 있습니다.
- 노력 없이 얻고자 하는 욕망보다는 스스로 노력하는 자세가 중요합니다.
- 진정한 행복은 돈으로 살 수 없는 소중한 가치들로부터 비롯됩니다.
- 꾸준한 노력과 성취감이 횡재보다 더 크고 지속적인 행복을 가져다 줍니다.
- 스스로의 힘으로 행복을 만들어가는 주체적인 삶을 살아가야 합니다.

浩然之氣
당신 안의 거대한 에너지!

호연지기 지대지강 浩然之氣 至大至剛

이지강이무해 즉 새어천지지간 以直養而無害 則 塞於天地之間

호연지기는 지극히 크고 굳세어서,

곧은 마음으로 기르면 해를 끼치지 않으며,

그러할 때 천지 사이를 가득 채우게 된다.

『맹자』에 나오는 '호연지기'는

하늘과 땅 사이에 가득 찬 웅장하고 올바른 기운을 뜻합니다.

어떠한 어려움에도 흔들리지 않고 당당하며,

세상의 부정한 것에 굴하지 않는 굳건한 정신을 의미합니다.

당신의 '호연지기'를 길러 어떤 상황에서도 당당하게 나아가세요.

혹시 당신 주변에도 눈에 보이지 않지만 강렬한 에너지를 뿜어내는 사람들을 느껴본 적 있으신가요? 마치 잔잔한 호수에 던져진 작은 돌멩이가 큰 파장을 일으키듯, 우리 내면에도 세상을 향해 뻗어 나가는 강력한 기운이 존재합니다. 이것이 바로 '호연지기浩然之氣'입니다. 단순히 크고 웅장한 기운을 넘어, 올바르고 굳센 정신, 즉 어떤 어려움에도 굴하지 않는 정의롭고 당당한 기개를 뜻합니다. 마치 끝없이 펼쳐진 푸른 하늘처럼, 우리의 마음을 드넓고 맑게 만들어 주는 긍정적인 에너지이지요.

우리 마음속에는 맑은 샘물과 흐린 흙탕물처럼, 좋은 기운과 나쁜 기운이 함께 자리하고 있습니다. 호연지기를 키우는 것은 마치 맑은 샘물을 마음 가득 채우는 것과 같습니다. 옹졸하고 부정적인 기운은 조금씩 흘려보내고, 긍정적이고 굳센 좋은 기운으로 마음을 가득 채워야 합니다. 호연지기를 품은 사람은 어떤 예상치 못한 어려움과 모진 시련에도 쉽게 좌절하거나 포기하지 않고, 당당하게 자신의 길을 꿋꿋이 걸어갈 수 있습니다. 마치 깊은 뿌리를 내린 거대한 나무가 거센 폭풍우에도 흔들림 없이 굳건히 서 있는 것처럼 말입니다.

그렇다면 우리는 어떻게 이 놀라운 에너지, 호연지기를 키울 수 있을까요? 먼저, 우리에게 긍정적인 영향을 주는 좋은 사람들과 활발하게 교류하고, 마음을 차분하게 정화시켜 주는 좋은 책을 가까이하며 내면을 풍요롭게 가꾸어야 합니다. 그리고 끊임없이 배우고 성장하려는 능동적인 자세를 통해 더욱 성숙한 사람으로 나아가도록 노력해야 합니다.

호연지기는 특별한 사람만이 가질 수 있는 것이 아니라 우리 모두의 마음속에 잠재된 소중한 자산입니다. 이 호연지기를 꾸준히 키워나간다면, 우리는 더욱 행복하고 풍요로운 삶을 살아갈 수 있을 것입니다. 마치 우리 안의 잠재된 거대한 힘을 깨워 세상을 향해 나아가는 것과 같습니다.

우리의 눈에 보이는 세상은 그 크기와 범위에 분명한 한계가 있습니다. 하지만 우리가 발을 딛고 살아가는 지구라는 푸른 별은, 눈에 보이는 것 너머에 존재하는 무한한 에너지로 가득 차 있습니다. 눈앞에 보이는 것이 세상의 전부가 아님을 우리는 모두 어렴풋이 알고 있습니다. 그렇다면 눈에 보이지도 않고 손으로 만질 수도 없는 무형의 실체인 '기운' 또한 다양한 형태로 우리 주변에 섞여 있지 않겠습니까? 긍정적이고 밝은 기운, 부정적이고 어두운 기운, 크고 강한 기운, 작고 미약한 기운, 마치 맑은 개울가 자갈밭에 섞여 있는 크고 작은 돌멩이들처럼 말입니다.

사람은 맛있는 음식과 깨끗한 공기를 통해 소중한 생명을 유지합니다. 맛있는 음식을 제대로 섭취하지 못하면 배고픔을 느끼듯이, 긍정적이고 강한 기운을 제대로 받아들이지 못할 때는 마음의 깊은 허기를 느끼게 됩니다. 여기서 말하는 올바르고 크고 굳센 기운을 바로 호연지기라고 합니다. 주변에 섞여 있는 다양한 기운 중에서 좋은 기운을 현명하게 선택하고, 선택된 긍정적인 기운을 잘 간직하여 우리 내면의 굳건한 힘으로 만드는 것을 맹자는 "호연지기를 기른다."라고 표현했습니다. 이 짧은 구절은 오랫동안 제 삶의 중요한 화두가 되었습니다.

내 마음속에 아주 조금이라도 부족하거나 옹졸한 기운이 자리 잡고 있는 날에는, 스스로 당당할 수 없고, 부끄러운 마음에 고개를 들어 푸른 하늘을 떳떳하게 바라보지 못하며, 다른 사람 앞에 선뜻 나서지 못하는 것은 분명 호연지기가 부족한 탓이 아닐까요? 물건은 소유주가 분명하고, 그 양이 제한적이기 때문에 자연스럽게 경쟁의 대상이 됩니다. 하지만 우리가 숨 쉬는 깨끗한 공기는 누구의 소유도 아니며, 개인이 어떤 긍정적인 기운을 받아들여 자신의 것으로 만들고자 노력하느냐에 따라 그 성질이 달라집니다.

무한하게 넓게 펼쳐져 있고, 누구에게나 제한 없이 주어지는 것이 바로 호연지기입니다. 그러므로 누구든지 마음만 먹고 꾸준히 노력하면 마음속 가득 채울 수 있는 것이 바로 크고 웅장한 기운, 즉 호연지기라 할 수 있습니다. 마치 넓은 들판에 솟아나는 푸른 새싹처럼, 우리 안의 호연지기는 끊임없이 자라날 수 있습니다.

무엇을 망설이고 있습니까? 호연지기는 바로 우리가 가져야 할 굳센 기운이며, 꾸준히 정성껏 키워나가야 할 소중한 자산입니다. 지금 바로 당신 마음속에 긍정적인 호연지기를 가득 채우십시오. 당신의 삶이 이전과는 전혀 다른 활기차고 당당한 모습으로 변화될 것입니다.

❂ 나를 향한 질문

"나의 마음속 드넓은 하늘엔 과연 굳세고 긍정적인 기운으로 가득 채워져 있는가?"

🟦 핵심 요약

- 호연지기는 눈에 보이지 않지만 우리 삶에 강력한 긍정적 에너지를 불어넣는 기운입니다.
- 긍정적인 사람들과 교류하고, 좋은 책을 읽으며 내면을 가꾸는 것이 호연지기를 키우는 방법입니다.
- 호연지기를 품으면 어떤 어려움에도 굴하지 않고 당당하게 나아갈 수 있습니다.
- 호연지기는 누구에게나 무한하게 주어지는 소중한 자산이며, 노력하면 마음 가득 채울 수 있습니다.
- 지금 바로 당신 안의 호연지기를 깨워 더욱 행복하고 풍요로운 삶을 만들어 가십시오.

其儀不忒
뻐꾸기처럼 늘 한결같다면

기의불특 其儀不忒

그 의표가 어긋나지 않는다.

이 말은 행동이나 예의가 조금도 어긋나지 않고 정확함을 의미합니다.
모든 언행이 규범에 맞고 흐트러짐이 없는 완벽한 태도를 나타냅니다.
겉과 속이 일치하며 흐트러짐 없는 모습은 신뢰와 존경을 얻습니다.

혹시 당신은 주변 사람들에게 늘 변함없는 모습으로 대하고 있나요? 『시경』에 나오는 뻐꾸기 이야기는, 우리에게 '한결같음'이라는 마음의 자세에 대해 깊이 생각하게 만듭니다. 마치 오랜 친구처럼, 늘 변함없이 곁을 지켜주는 사람이야말로 진정한 행복을 가져다 주는 것은 아닐까요?

전해지는 이야기에 따르면, 어미 뻐꾸기는 어린 새끼들에게 먹이를 줄 때 신기한 규칙을 따랐다고 합니다. 아침에는 태어난 순서대로 위에서 아래로 차례차례 먹이를 주고, 저녁에는 반대로 아래에서 위로

차례차례 먹이를 주어, 그 마음이 마치 저울처럼 늘 공평하고 한결같았다는 겁니다. 이러한 뻐꾸기의 변함없는 모습을 본받아, 예로부터 훌륭한 사람들은 말과 행동이 늘 일치하고, 겉과 속이 다르지 않았다고 전해집니다. 세상이 아무리 예측 불가능하게 변화무쌍하더라도, 훌륭한 사람은 흔들리지 않는 마음으로 모든 상황에 지혜롭게 대처하여 다른 사람들의 귀감이 되고 존경의 대상이 되었으며, 심지어 하늘도 감동하고 땅도 우러러보아 그 수명이 길어지고 평생 해야 할 일을 잘 이루었다고 합니다. 마치 굳건한 나무처럼, 어떤 바람에도 흔들리지 않는 변함없는 마음의 힘을 보여주는 이야기입니다.

뻐꾸기 새끼들은 마치 자유로운 영혼처럼, 제멋대로 이 나무에서 저 나무로 옮겨 다니며 이곳저곳을 자유롭게 날아다니지만, 어미새는 변함없이 자신이 머물던 일정한 나무에서 묵묵히 새끼들이 찾아오기를 기다린다고 합니다. 이처럼 훌륭한 사람은 자신의 내면을 잘 다스려 세상의 변화와 달콤한 유혹에 쉽게 흔들리지 않고, 세상의 흐름에 지혜롭게 대처하여 올바른 길을 제시하는 멋진 사람이 되었다고 합니다. 마치 등대처럼, 변화하는 세상 속에서도 변함없이 길을 밝혀주는 존재인 것이죠.

오늘 아침, 『시경』의 '시구鳲鳩', 즉 뻐꾸기라는 시를 읽으며 여러 가지 생각을 하게 되었습니다. 과연 나는 내면의 단단함으로 세상의 거친 풍파를 의연하게 이겨낼 수 있는 사람인지, 또 많은 사람들을 대할 때 겉과 속이 같은 진실한 마음이었는지, 소중한 사람들과의 관계에서 혹시라도 변덕스러운 모습을 보이지 않았는지 등등, 깊은 생각에 잠겨

저절로 마음이 숙연해집니다.

뻐꾸기의 한결같음에서 배우는 삶의 지혜

　뻐꾸기의 변함없는 양육 방식에서 우리는 훌륭한 사람의 중요한 자세를 배울 수 있습니다. 어미 뻐꾸기처럼 늘 한결같은 마음으로 모든 사람을 대하고, 예측 불가능하게 변화하는 세상 속에서도 자신의 가치관을 굳건히 지키며 다른 사람들에게 올바른 길을 제시하는 것이 진정한 훌륭함입니다.

　새끼 뻐꾸기들이 이 나무 저 나무로 자유롭게 옮겨 다니듯 세상은 변화무쌍하지만, 훌륭한 사람은 그 변화 속에서도 흔들리지 않고 묵묵히 자신의 자리를 지키는 든든한 존재입니다. 끊임없이 변화하는 세상 속에서 우리도 뻐꾸기처럼 늘 한결같은 마음으로 살아간다면, 더욱 의미 있고 행복한 삶을 살아갈 수 있을 것입니다. 마치 오랜 친구처럼, 변함없는 마음은 우리 삶에 안정감과 신뢰를 가져다 줄 것입니다.

　❀ 나를 향한 질문
　"나는 오늘, 나의 소중한 사람들에게 어떤 변함없는 마음을 보여주었는가?"

❈ **핵심 요약**

- 뻐꾸기의 한결같은 양육 방식은 훌륭한 사람의 중요한 자세를 보여줍니다.
- 변함없는 마음으로 모든 사람을 대하고, 자신의 가치관을 굳건히 지키는 것이 중요합니다.
- 세상은 변화무쌍하지만, 흔들리지 않고 자신의 자리를 지키는 것이 훌륭함입니다.
- 한결같은 마음으로 살아갈 때, 더욱 의미 있고 행복한 삶을 살 수 있습니다.

轉禍爲福
위기를 기회로 만드는 용기

화혜복소의 禍兮福所倚 **복혜화소복** 福兮禍所伏

화는 복이 의지하는 바이고, 복은 화가 숨어 있는 바이다.

『역경易經』에 나오는 이 말은
"복과 화는 서로 의지하며 바뀌는 것"이라는 가르침입니다.
어려움 속에서도 좌절하지 않고 긍정적인 마음으로 극복하려 노력한다면,
위기가 새로운 기회가 되어 더 큰 성공을 가져올 수 있음을 일깨웁니다.

혹시 당신은 삶의 예상치 못한 폭풍우를 만났을 때, 그저 속수무책으로 휩쓸려 가는 존재라고 생각하시나요? '위기는 기회'라는 말처럼, 때로는 우리를 덮치는 듯한 어려움 속에서 놀라운 가능성의 씨앗이 숨겨져 있기도 합니다. 역사 속 위대한 인물들은 모두 예외 없이 위기를 슬기롭게 헤쳐나가 이전보다 더 나은 세상을 만드는 놀라운 발자취를 남겼습니다.

세상이 혼란스럽고 험난할 때야말로, 평범함을 뛰어넘는 비범한 능

력을 지닌 사람들이 등장하여 빛을 발하는 법입니다. 어둠이 짙을수록 반딧불의 작은 빛이 더욱 선명하게 보이듯, 혼란한 세상 속에서 영웅호걸은 자신의 이름을 드높입니다. 그렇다면 우리는 이러한 위기의 상황 속에서 어떻게 현명하게 대처해야 할까요? 절망 대신 희망을 붙잡고, 어둠 속에서 길을 찾는 등불처럼 명확한 해답을 찾아 나서야 합니다.

우리는 매 순간 크고 작은 선택의 갈림길에 서게 됩니다. 마치 나뭇가지가 수없이 뻗어 나가듯, 우리의 작은 선택 하나하나가 모여 결국 '나'라는 아름다운 인생 이야기를 완성해 나가기 때문입니다. 올바른 선택을 하기 위해서는 끊임없이 자신을 깊이 성찰하고, 흔들리지 않는 확고한 가치관을 마음속에 굳건히 세워야 합니다.

인간의 삶을 한 단어로 압축하자면, 바로 "선택의 연속"이라고 할 수 있습니다. 우리가 시간과 공간 속에서 숨 쉬고 살아가는 그 자체가, 매 순간 끊임없는 선택을 요구하는 역동적인 과정입니다. 좋은 일은 애써 찾아 실천하지 않으면 나중에 반드시 후회라는 어두운 그림자를 드리우고, 반대로 작은 악한 마음이나 행동은 굳이 키우려 하지 않아도 마치 무성한 잡초처럼 우리의 마음 밭을 순식간에 덮어버립니다. 그래서 우리 선현들은, 우리에게 주어진 소중한 선행의 기회를 놓치지 말고 적극적으로 붙잡아 실천하고, 아무리 사소한 악행이라도 방치하지 말고 뿌리째 뽑아버리라고 간곡하게 일러주셨습니다. 마치 정원을 가꾸듯, 우리의 마음 밭 또한 끊임없는 관심과 노력이 필요합니다.

선택의 연속, 참으로 깊은 의미를 지닌 말입니다. 인간은 뛰어난 사고 능력을 바탕으로 눈앞에 닥친 어떤 문제든 해결하기 위해 끊임없이 생각하고 다양한 선택지 중에서 하나를 고릅니다. 문제 인식, 깊은 사고, 그리고 현명한 선택이 쉼 없이 순환하는 것, 이것이 바로 우리 삶의 본질적인 모습이 아닐까요?

하지만 이 당연한 순환 과정에 지나친 행복에 대한 집착이나 개인적인 욕심이라는 불순물이 끼어들면, 주변 사람들과 불필요한 갈등이라는 불협화음을 만들어내곤 합니다. 지나고 나서 돌이켜보면, 그때 왜 그토록 어리석은 갈등을 겪었을까 후회하며 비로소 깨달음이라는 값진 교훈을 얻게 됩니다. 있는 그대로의 현실을 담담하게 보고, 듣고, 느낄 수 있을 때, 신기하게도 마음속 깊은 곳에서부터 근심과 걱정이라는 어두운 그림자가 서서히 걷혀나갑니다.

반면에 과도한 욕심이라는 색안경을 끼고 세상을 바라보면, 현실을 있는 그대로 받아들이지 못하고 화려하게 포장하려 애쓰게 됩니다. 그 겉모습만 보고는 포장 속에 무엇이 들어 있는지 제대로 알 수 없게 되어, 보는 이에게 불안과 두려움이라는 불쾌한 감정을 안겨줍니다. 마음의 진정한 평안을 되찾기 위해 마음공부라는 험난한 여정을 떠나거나 간절한 마음으로 종교에 귀의하여 신을 찾으며 애써 마음을 안정시킨 후에야, 그토록 강렬하게 집착했던 모든 것이 사실은 별것 아니었음을 깨닫고 깊은 허망함을 느끼게 됩니다. 부질없이 겪었던 수많은 갈등들이 결국 하찮은 자신의 과도한 욕심에서 비롯되었음을 깨닫고, '유有가 곧 무無요, 무無가 곧 유有'라는 삶의 역설적인 진리를 비로소 어렴풋이 이해하게 됩니다. 마치 꿈에서 깨어난 듯, 그 모든 것이 한낱 덧없는 환상이었음을 깨닫는 순간입니다.

마음공부는 우리가 삶의 중요한 갈림길에서 올바른 선택을 할 수 있도록 현명하게 이끌어주는 든든한 지팡이와 같습니다. 고요한 명상을 통해 혼란스러운 마음을 차분하게 가라앉히고, 깊이 있는 독서를 통해 삶의 지혜라는 값진 보물을 얻으며, 아름다운 자연과의 진솔한 교감을 통해 내면 깊숙한 곳에서부터 진정한 평화를 찾을 수 있습니다. 예상치 못한 위기 속에서도 긍정적인 마음이라는 굳건한 방패를 잃지 않고, 끊임없이 배우고 성장하는 능동적인 자세라는 날개를 단다면, 우리는 어떤 크고 작은 어려움도 능히 극복하고 이전보다 더욱 성숙하고 강인한 존재로 힘차게 나아갈 수 있습니다.

여러분은 최근에 어떤 예상치 못한 위기를 겪었으며, 그 위기를 어떻게 슬기롭게 극복하여 성장의 발판으로 삼으셨습니까? 어쩌면 바로 지금, 이 순간에도 우리는 새로운 위기라는 가면을 쓴 기회를 맞이하고 있을지도 모릅니다. 위기를 절망의 심연으로 빠뜨릴 것인지, 아니면 도약의 발판을 삼아 더욱 높이 날아오를 것인지, 그 선택은 오롯이 당신에게 달려 있습니다. 위기를 진정한 기회로 바꾸기 위한 첫 번째이자 가장 중요한 열쇠는, 바로 당신 마음속 깊은 곳에 자리한 '긍정적인 마음'이라는 굳건한 믿음을 굳게 지키는 것입니다.

❂ 나를 향한 질문

"내게 닥친 지금의 위기는, 나를 더욱 강하게 만들 숨겨진 기회일지도 모른다. 그렇다면 나는 어떻게 해서 이 위기를 나의 성장 드라마에서 빛나는 한 페이지로 장식할 수 있을 것인가?"

❂ 핵심 요약

- 위기는 단순히 극복해야 할 어려움이 아닌, 새로운 가능성을 여는 소중한 기회입니다.
- 긍정적인 마음과 배우려는 능동적인 자세는 위기를 극복하고 성장하는 핵심 동력입니다.
- 마음공부는 올바른 선택을 돕고 내면의 평화를 가져다 줍니다.
- 위기를 두려워하지 않고 지혜롭게 대처하며, 성장의 발판으로 삼아야 합니다.
- 긍정적인 마음을 굳건히 지키는 것이 위기를 기회로 바꾸는 첫 번째 걸음입니다.

寸陰是競
영원히 오지 않을 '나중에'

촌음시경 寸陰是競

아주 짧은 시간이라도 다투어 아껴 쓴다.

이 말은 촌각의 시간도 아까워하며 허투루 쓰지 않는 태도를 강조합니다. 매 순간을 소중히 여기고, 그 짧은 시간까지도 경쟁하듯 아껴 쓰며 노력할 때 비로소 큰 성취를 이룰 수 있다는 지혜입니다.

혹시 당신은 "나중에 해야지."라는 생각으로 미뤄둔 일들이 많지는 않으신가요? 돈은 분명 우리 삶에 편리함을 주지만, 시간은 그 어떤 돈으로도 살 수 없는, 단 한 번 주어진 소중한 선물과 같습니다. 시간은 마치 흐르는 강물과 같아서, 한번 흘러가면 영원히 되돌릴 수 없습니다. 우리는 종종 돈을 벌기 위해 소중한 시간을 쏟지만, 정작 그 돈보다 훨씬 더 값진 '지금, 이 순간'을 무심히 흘려보내고 있는 것은 아닐까요?

사람들은 누구나 돈을 좋아하지만, 그 돈을 어떻게 현명하게 사용하느냐에 따라 삶의 만족도가 달라집니다. 돈은 우리에게 편리함을 주는 유용한 도구이지만, 돈보다 훨씬 더 귀하고 소중한 것은 바로 우리 각자에게 주어진 유한한 시간입니다. 그 시간을 어떻게 계획하고, 활용하고, 때로는 낭비하고, 또 사랑하는 사람들과 나누느냐에 따라 우리 삶의 많은 부분이 변화하고, 성장하기도 하고, 때로는 후회라는 아픈 흔적을 남기기도 합니다. 긴 휴일이 끝나고 다시 우리에게 오롯이 주어진 소중한 시간이 시작되는 바로 이 순간, 우리는 과연 무엇을 하며, 어떤 생각을 하고, 앞으로 어떻게 살아가야 할지 깊이 생각하는 시간을 가져야 합니다. 많은 시간을 무작정 아끼려고 애쓰기보다는, 짧은 시간이라도 우리가 진정으로 가야 할 길을 명확히 설정하고 그 길을 향해 흔들림 없이 차근차근 준비해 나가는 것이야말로 시간을 가장 값지고 의미 있게 사용하는 지혜로운 방법이 아닐까?

후회는 마치 예고 없이 찾아오는 불청객처럼, 누구에게나 찾아올 수 있습니다. 미처 끝내지 못한 소중한 일들, 용기를 내어 붙잡지 못했던 빛나는 기회, 그리고 가까웠던 사람들과의 안타까운 갈등 등 다양한 이유로 후회는 우리의 마음을 무겁게 짓누릅니다.
하지만 후회는 이미 지나가 버린 과거를 안타까워하며 스스로를 책망하는 감정에서 멈추는 것이 아니라, 현재를 더욱 소중하게 만들고 미래를 향해 나아갈 수 있는 딛고 일어서는 발판이 될 수 있습니다.
"후회! 아무리 빨라도 늦다."라는 유명한 격언은, 아무리 열심히 최선을 다해 살아왔다고 하더라도, 지나고 나서 돌이켜보면 아쉬움과 부족했던 부분들이 눈에 띄기 마련이라는 냉혹한 현실을 깨닫게 해 줍니다. 그 순간 아무리 후회하고 안타까워한들 이미 흘러간 시간을 되돌릴 수는 없습니다.

하지만 "후회는 과거를 바꿀 수는 없지만, 미래를 바꿀 수는 있다."라는 말처럼, 과거의 후회를 통해 소중한 교훈을 배우고 성장하여 더 나은 미래를 만들어갈 수 있다는 긍정적인 희망을 놓지 않아야 합니다. 그렇다면 우리는 어떻게 후회 없는 삶에 더 가까이 다가갈 수 있을까요? 우선, 우리에게 주어진 유한한 시간을 무엇보다 소중하게 생각하고, 구체적인 목표를 설정하여 시간을 효율적으로 계획하고 관리해야 합니다. 또한, 주변의 소중한 사람들과의 관계를 돈독하게 유지하고, 지금 이 순간에 온전히 집중하며 감사하는 마음을 갖는 것이 무엇보다 중요합니다. 마치 오늘이 마지막 날인 것처럼, 매 순간을 소중하게 여기고 진심을 다해 살아가야 합니다.

당신은 지금, 어떤 시간을 보내고 있나요?

후회 없는 삶을 만들기 위해, 지금 당신은 무엇을 하고 있나요?

지금, 당신의 시간을 가장 가치 있게 사용하는 방법

시간은 돈보다 훨씬 더 값진, 우리에게 단 한 번 주어지는 가장 소중한 자산입니다. 돈을 어떻게 현명하게 사용하느냐에 따라 삶의 만족도가 달라지듯이, 시간을 어떻게 계획하고 활용하느냐에 따라 우리 인생의 빛깔과 깊이가 달라집니다. 이미 지나가 버린 시간을 안타까워하며 후회하는 대신, 현재 이 순간에 온전히 집중하고 미래를 위한 의미 있는 씨앗을 심어 후회 없는 삶을 살아가야 합니다. 흘러가는 시간을 헛되이 낭비하지 않고, 자기 계발과 성장을 위한 의미 있는 일에 적극적으로 투자하여 더욱 발전된 당신으로 나아가십시오. 시간의 소중함을 마음 깊이 깨닫고, 앞으로 당신의 삶을 어떻게 아름답게 가꾸어 나갈지 진지하게 고민하고 계획하는 이 순간이, 당신의 빛나는 미래를 여는 소중한 첫걸음이 될 것입니다.

❀ 나를 향한 질문

"소중한 하루하루를, 후회 없이 가장 가치 있게 사용하기 위한 방법은 무엇인가?"

❀ 핵심 요약

- 시간은 돈으로 살 수 없는, 가장 소중한 유한한 자산입니다.
- 과거의 후회에 머무르기보다, 현재에 집중하여 더 나은 미래를 만들어야 합니다.
- 시간을 효율적으로 계획하고 관리하며, 현재를 소중히 여기는 것이 중요합니다.
- 자기 계발과 성장을 위해 시간을 투자하여 더욱 발전된 자신으로 나아가야 합니다.
- 지금, 이 순간을 놓치지 않고 후회 없는 삶을 만들어 가십시오.

上隨下隨
캄캄한 막다른 길에서 희망의 빛을 찾는 법

상수하수 上隨下隨

위가 따르면 아래도 따른다.

이 말은 윗사람의 행동이나 가르침이
아랫사람에게 큰 영향을 미친다는 의미입니다.
리더의 모범적인 태도와 솔선수범이 조직이나 공동체 전체에
긍정적인 영향을 미치고, 그들의 행동을 끌어낸다는 지혜입니다.

혹시 인생의 굽이진 길을 걷다 막다른 골목에 홀로 갇힌 듯한 답답함을 느껴본 적 있으신가요? 앞으로 나아가려니 어둡고 끝이 보이지 않고, 그렇다고 뒤돌아가자니 너무나 아쉽고 후회스러울 때, 우리는 어떤 길을 선택해야 할까요? 마치 상수上隨, 밝음을 따라 위로 나아갈 것인가, 아니면 어둠을 따라 아래로 향하는 하수下隨의 길을 택할 것인가. 우리는 매 순간 선택의 기로에 서 있습니다. 긍정적인 선택은 우리에게 희망이라는 빛을 비춰주지만, 부정적인 선택은 우리를 깊은 절망

이라는 어둠 속으로 밀어 넣을 수 있습니다.

　우리의 인생은 수많은 선택의 순간들로 채워져 있습니다. 그 작은 선택 하나하나가 모여 우리의 삶이라는 한 폭의 그림을 완성하며, 때로는 그 선택에 따라 우리의 이야기는 완전히 다른 방향으로 흘러가기도 합니다. 밝은 미래를 꿈꾸며 긍정적인 마음으로 선한 행동을 실천하는 삶을 살아가는 것이 좋을까요? 아니면 어두운 생각에 갇혀 부정적인 길로 빠져드는 삶을 택하는 것이 좋을까요? 당신의 마음은 지금, 어떤 색깔로 칠해져 있나요?

　만약 우리가 홀로 막다른 골목에 섰을 때, 앞으로 나아가자니 두렵고 답답하여 끝이 보이지 않을 것 같고, 그렇다고 지금까지 걸어온 길을 포기하고 뒤로 물러서자니 너무나 아쉽고 허무하다면 어떻게 해야 할까요? 긍정적인 마음을 가진 사람은 어둠 속에서도 작은 빛을 발견하고 "이 길 끝에는 반드시 따뜻한 햇살이 우리를 맞이할 거야!"라고 굳게 믿으며 용기를 내어 나아갑니다. 결국에는 아무도 예상치 못했던 새로운 길을 만들어내고, 마침내 성공이라는 따스한 햇살이 그의 이마를 부드럽게 비추게 될 것입니다. 반면에 부정적인 생각에 갇힌 사람은 "이 길 끝에는 더 이상 돌아갈 수 없을지도 몰라!"라는 두려움에 사로잡혀 끊임없이 머뭇거리다가 소중한 시간과 에너지를 모두 낭비하고, 결국에는 실패라는 쓰디쓴 열매를 맛보게 될 것입니다.

　여러분은 어느 쪽의 삶을 선택하고 싶으신가요? 또 어떤 사람의 발자국을 따라 걷고 싶으신가요?

　이처럼 긍정적인 마음으로 세상을 밝게 바라보고, 따뜻한 마음으로 선한 행동을 실천하는 것은 곧 자신을 위한 가장 가치 있는 투자입니다. 긍정적인 생각은 우리의 스트레스를 부드럽게 녹여주고, 복잡한 문제 해결 능력을 놀랍게 향상시키며, 더 나아가 우리 주변의 소중한 사람들에게까지 긍정적인 에너지를 전달하는 놀라운 힘을 발휘합니다.

하지만 인생의 모든 선택이 결코 쉽지만은 않습니다. 어렵고 힘든 선택의 순간이 닥칠 때는, 당신 마음속 깊이 새겨진 확고한 가치관을 다시 한 번 떠올리고, 당장의 작은 이익보다는 먼 미래를 내다보는 장기적인 관점에서 신중하게 생각하는 것이 무엇보다 중요합니다.

세상에는 따라가는 것도 두 가지 종류로 나눌 수 있습니다. 밝음을 향해 위로 따라가는 상수上隨와 어둠 속으로 아래로 따라가는 하수下隨입니다. 어둠을 멀리하고 밝음을 향해 나아가며, 악을 버리고 선善을 추구하며, 부정적인 것을 뒤로하고 긍정적인 것을 따르며, 그릇됨을 분명하게 분별하여 올바름을 따라가는 것이 바로 상수입니다. 그 반대로 올바름을 외면하고 그릇됨을 좇으며, 밝음을 버리고 어둠 속으로 스스로 스며들어가며, 선善을 저버리고 악을 따라가는 것이 하수입니다.

우리는 과연 어떤 길을 선택해야 할까요? 떠오르는 찬란한 해를 바라보며 긍정적인 미래를 향해 힘차게 나아갈 것인가, 아니면 저물어가는 해를 따라 어둠 속으로 스스로 침잠할 것인가? 바로 여기에 선택의 중요성이 있습니다.

우리는 매일같이 수없이 많은 선택의 갈림길에 서게 됩니다. 우리가 어떤 선택을 하느냐에 따라 우리의 삶은 완전히 다른 방향으로 흘러갈 수 있습니다. 인도의 위대한 지도자 마하트마 간디는 이렇게 말했습니다.

"긍정적인 생각은 마치 밝게 떠오른 태양과 같아서, 아무리 짙은 어둠도 능히 밝힐 수 있다."

우리 모두 밝은 미래를 향해 힘차게 나아가는 상수의 길을 선택하고, 긍정적인 마음으로 더욱 풍요로운 삶을 살아가기 위해 끊임없이 노력해 보는 것은 어떨까요?

❂ 나를 향한 질문

"나는 지금, 어둠 속에서 빛을 향해 나아가는 상수上隨의 길을 걷고 있는가?"

❂ 핵심 요약

- 인생은 끊임없는 선택의 연속이며, 긍정적인 선택은 밝은 미래로 이끌어줍니다.
- 막다른 골목처럼 느껴지는 위기의 순간에도 긍정적인 마음으로 길을 찾아야 합니다.
- 자신의 확고한 가치관을 되새기고 장기적인 관점에서 신중하게 선택해야 합니다.
- 밝음을 따르는 상수上隨의 길을 선택하여 긍정적인 미래를 향해 나

아가야 합니다.
- 긍정적인 생각은 어떠한 어려움도 이겨낼 수 있는 강력한 힘을 지닙니다.

從心所欲不踰矩
인생 시계, 지금 몇 시를 향하고 있나요?

부동심 不動心 종심소욕불유구 從心所欲不踰矩
어떤 유혹에도 흔들리지 않는 마음. 마음 가는 대로 해도 법도에 어긋나지 않는다.

공자는 40세에 '부동심'을 이루어 어떤 유혹에도 흔들리지 않았고,
70세에는 '종심소욕불유구'의 경지에 이르러
마음껏 행동해도 도리를 벗어나지 않았습니다.
이 두 구절은 내면의 흔들림 없는 평온과 완벽한 자유를 향한
성장의 단계를 보여줍니다.

혹시 당신은 흘러가는 시간 속에서 어떤 변화를 느끼고 계신가요? 옛 성현들은 나이를 먹는다는 것을 단순한 시간의 흐름이 아닌, 인생이라는 아름다운 건물을 한 층 한 층 쌓아 올리는 성장 과정이라고 이야기했습니다. 마치 씨앗이 싹을 틔우고, 줄기를 뻗고, 꽃을 피우고, 마침내 풍성한 열매를 맺듯, 우리 삶도 시간을 따라 끊임없이 변화하고 성장하는 것입니다.

예를 들어, 20대에는 앞으로 펼쳐질 넓은 세상을 향해 설레는 마음으로 탐색하고 꿈의 씨앗을 심는 시기입니다. 30대가 되면 그 씨앗을 현실이라는 땅에 뿌리내리고 본격적인 사회생활을 시작하며 자신의 자리를 굳건히 다져나가는 중요한 때이지요. 그리고 40대가 되면 세상의 어떤 비바람에도 쉽게 흔들리지 않는 단단한 마음의 집을 짓게 되고, 50대가 되면 인생의 깊은 의미를 깨닫고 자신이 맡은 역할과 책임을 충실히 수행하는 지혜로운 건축가가 됩니다.

공자는 『논어』에서 나이 듦에 따른 삶의 변화를 깊이 있게 이야기합니다.

15세에는 학문의 숲에 들어설 뜻을 세우고, 30세가 되면 자신이 세상이라는 넓은 땅에 우뚝 설 자리를 정확히 깨닫게 됩니다. 40세가 되면 세상의 수많은 유혹과 어려움이라는 거센 바람에도 흔들리지 않는 견고한 마음(不惑)을 갖게 되지요. 50세가 되면 하늘이 자신에게 부여한 소중한 사명(知天命)을 깊이 깨달아 자신이 진정으로 해야 할 일을 찾아 능동적으로 실천하는 단계에 이릅니다. 60세가 되면 세상의 복잡한 이야기와 다양한 사람들의 사연들을 너그러운 마음으로 이해하고 받아들이는 원숙함(耳順)을 갖게 되며, 마침내 70세가 되면 하늘의 이치를 깨닫고 그 이치를 삶 속에서 자연스럽게 실천하는 하늘을 닮은 경지(從心所欲不踰矩)에 이르게 됩니다. 나이를 먹는다는 것은, 이처럼 하늘을 닮은 완전한 삶이라는 아름다운 집을 향해 끊임없이 나아가는 여정인지도 모릅니다.

그렇다고 우리가 70세가 될 때까지 그저 시간만 흘러가기를 기다릴 수는 없습니다. 우리에게 주어진 지금, 이 순간, 우리가 굳건히 발을 딛고 서 있는 바로 이곳이 우리의 가장 소중한 공간이며, 우리 삶이라는 아름다운 집을 지을 수 있는 유일한 터전입니다. 그러니 단 한순간도 소홀히 흘려보낼 수 없습니다. 소중한 지구별에서 인간으로 태어나 주어진 짧은 100년의 인생을 10년 단위의 큰 그림으로 나누어본다면, 오늘 우리가 해야 할 일은 무엇인지, 그리고 우리는 과연 어떤 아름다운 집을 향해 나아가고 있는지 깊이 생각하고 진지하게 고민해야 할 것입니다.

물론 70세가 되어야 비로소 인생이라는 집이 완벽하게 완성된다고 단정 지어 말할 수는 없습니다. 무엇보다 중요한 것은 바로 지금, 이 순간을 최대한 가치 있게 활용하는 것입니다. 우리는 언제나 새로운 것을 배우고 끊임없이 성장할 수 있는 무한한 가능성을 지니고 있습니다. 따라서 우리는 나이를 먹는 것을 두려워하거나 슬퍼하기보다는, 새로운 층을 쌓아 올릴 수 있는 소중한 기회라고 긍정적으로 생각해야 합니다. 당신의 인생 시계는 지금 몇 시를 향하고 있나요? 남은 시간을 어떻게 설계하여 당신만의 아름다운 이야기를 완성해 나가시겠습니까?

❁ 나를 향한 질문

"지금 나는 내 인생의 책에 어떤 아름다운 이야기를 써 내려가고 싶은가?"

❀ 핵심 요약
- 나이를 먹는 것은 인생의 새로운 단계로 나아가 끊임없이 성장하는 아름다운 여정입니다.
- 각 단계마다 우리에게 주어진 성장 과제를 슬기롭게 해결하며 나아가야 합니다.
- 가장 중요한 것은 바로 지금 이 순간을 최대한 가치 있게 활용하는 것입니다.
- 나이 듦을 두려워하기보다는, 새로운 시작을 위한 소중한 기회로 받아들여야 합니다.
- 당신의 인생 시계를 당신 스스로 설계하여 후회 없는 아름다운 이야기를 만들어 가십시오.

爲己之學
당신의 공부는 행복의 씨앗인가요, 불행의 덫인가요?

군자지학야 君子之學也 이미기신 以美其身,

소인지학야 小人之學也 이위금독 以爲禽犢

군자는 자기 완성을 위해 배우고,

소인은 남에게 보이기 위해 배운다.

이 말은 겉으로 드러내거나 남에게 보이기 위한 것이 아닌,

오직 자기의 인격 수양과 내면의 완성을 위한 학문을 뜻합니다.

진정한 배움은 남의 시선이 아닌,

스스로 성장과 깨달음을 목적으로 해야 함을 강조합니다.

혹시 당신은 왜 공부를 하고 있나요? 시험 점수 때문인가요, 좋은 직업 때문인가요, 아니면… 진정으로 '나'를 더 나은 사람으로 만들기 위해서인가요?

옛날 현명한 사람들은 공부의 이유를 크게 두 가지로 나눴습니다.

남들에게 잘 보이기 위한 '위인지학爲人之學'과 오직 자기 자신을 위한 '위기지학爲己之學'이죠.

오늘날 우리도 다양한 이유로 공부합니다. 좋은 성적, 안정적인 직업, 혹은 순수한 호기심 때문일 수도 있습니다. 하지만 진정한 행복과 삶의 깊은 의미를 찾고 싶다면, 우리는 위기지학에 좀 더 집중해야 합니다.

위기지학爲己之學은 단순히 책을 읽고 지식을 쌓는 것을 넘어섭니다. 끊임없이 스스로 성장하고 변화하며, 우리 안의 세계를 풍요롭게 가꾸는 능동적인 노력입니다. 어제의 나보다 오늘의 내가 조금이라도 더 나은 사람이 되기 위한 꾸준한 배움과 깊은 성찰, 이것이 바로 위기지학의 핵심 가치입니다. 그리고 그 깊숙한 곳에는 인간으로서 마땅히 지켜야 할 도리道理가 자리하고 있으며, 그 도리를 실천하고 깨달음을 얻어 마음속 깊이 새겨진 것이 바로 숭고한 덕행德行입니다. 마치 땅속 깊이 뿌리내린 나무처럼, 위기지학은 우리 삶의 튼튼한 기반이 됩니다.

반면에 위인지학爲人之學, 즉 다른 사람들에게 보여주기 위한 공부를 하는 사람들은, 자기 마음 깊은 곳에서 우러나오는 진정한 깨달음을 얻고, 그 깨달음을 바탕으로 올바른 삶을 살아가려는 진지한 노력은 부족합니다. 대신, 겉모습만 화려하게 꾸미고, 상황에 따라 교묘하게 처신하며 오로지 남들의 인정과 명예만을 쫓으려는 잘못된 태도를 보입니다. 마치 화려한 포장지에 싸인 빈 상자처럼, 겉은 번지르르하지만 속은 텅 비어 있을 수 있습니다.

진정으로 훌륭한 사람의 공부는 오직 위기지학뿐입니다. 억지로 애쓰는 마음 없이, 마치 숨 쉬듯 자연스럽게 이루어지는 것이죠. 마치 깊은 산골짜기에서 홀로 피어난 아름다운 난초가 온종일 은은한 향기를 뿜어내면서도, 그 자신은 그것을 향기라고 의식하거나 자랑하지 않는 것처럼 말입니다. 위인지학과 위기지학은 결코 서로 반대되는 개념이 아니라, 때로는 서로 조화롭게 어우러져 상호 보완적인 관계를 이루기도 합니다. 성공적인 사회생활을 위해서는 위인지학적인 측면도 어느 정도 필요할 수 있지만, 진정으로 행복하고 의미 있는 삶을 살아가기 위해서는 위기지학적인 측면이 훨씬 더 중요합니다. 위인지학은 사회생활에서 성공하기 위한 발판을 마련해 줄 수 있지만, 위기지학은 우리 삶의 진정한 의미를 찾고 내면의 성숙과 행복을 추구하며 살아가는 데 깊이 있는 도움을 줍니다. 이 두 가지를 조화롭게 발전시켜야 비로소 우리는 온전하고 균형 잡힌 삶을 살아갈 수 있습니다. 마치 두 개의 날개가 균형을 이루어야 새가 하늘을 날 수 있는 것처럼 말이죠.

위기지학을 실천하는 구체적인 방법은 어렵지 않습니다. 매일 30분씩 꾸준히 마음의 양식이 되는 책을 읽거나 자기계발에 도움이 되는 새로운 취미를 만들어 꾸준히 실천하는 것이 좋은 예가 될 수 있습니다. 또한, 꾸준한 자기 성찰을 통해 자신의 부족한 점을 겸허히 받아들이고 보완하며, 장점을 더욱 발전시켜 나가는 끊임없는 노력 또한 반드시 필요합니다. 마치 정원을 가꾸듯, 꾸준한 관심과 노력이 필요합니다.

가만히 한번 생각해 보십시오. 다른 사람들이 지켜보고 있을 때만,

혹은 시험이 코앞으로 다가왔을 때만 벼락치기 공부를 하는 것은 바로 위인지학에 가깝습니다. 반면에 시험과는 전혀 상관없이 평생에 걸쳐 꾸준히 자신과의 치열한 싸움 속에서 내면의 덕을 닦고 인격을 수양해 나가는 것이야말로 참으로 가치 있는 위기지학이 아닐까요? 위인지학의 가장 큰 단점은 그 즐거움이 오래가지 못하고, 진정한 배움의 기쁨보다는 남에게 잘 보이고 싶은 허황된 욕심이 앞선다는 것입니다. 마치 모래 위에 지은 집처럼, 겉은 화려하지만 쉽게 무너질 수 있습니다. 반면에 위기지학은 오래 하면 할수록 내면 깊숙한 곳에서 우러나오는 뿌듯함과 깊은 성취감을 느끼게 하고, 깨달음의 희열을 맛보게 하며, 그 과정 자체가 항상 즐겁고 행복한 일이라는 것입니다. 우리는 이 점을 깊이 생각하고 깨달아야 할 것입니다. 여러분은 지금 어떤 공부를 하고 있나요? 위인지학과 위기지학 중에서 과연 어떤 부분에 더 큰 비중을 두고 있나요? 당신의 공부는 당신을 행복으로 이끄는 씨앗인가요, 아니면 불행으로 향하는 덫인가요?

❀ 나를 향한 질문

"나의 공부는 지금, 나의 내면을 향하고 있는가? 아니면 외부의 시선을 향하고 있는가?"

❀ 핵심 요약

- 공부의 목적은 남에게 잘 보이기 위한 '위인지학'과 자기 자신을 위한 '위기지학'으로 나뉩니다.

- 진정한 행복과 삶의 깊은 의미를 찾기 위해서는 위기지학에 집중해야 합니다.
- 위기지학은 끊임없는 자기 성장과 내면의 풍요로움을 가져다줍니다.
- 위인지학은 순간적인 만족감만 줄 뿐 오래가지 못하고 공허함을 남깁니다.
- 진정한 학문은 위기지학을 통해 스스로의 무한한 가능성을 발견하고 가치 있는 삶을 살아가는 것입니다.

至日閉關
멈춤의 마법

지일폐관 至日閉關

동짓날에 문을 닫는다.

이 말은 『주역』에 나오는 것으로,
동지는 일 년 중 밤이 가장 길고 낮이 가장 짧은 날로서
양陽이 다시 시작되는 날로 여겨졌습니다.
즉 동지를 맞아 문을 닫는다 함은 동지의 전환점에는 외부 활동을 멈추고
고요히 자기 성찰을 시작한다는 의미입니다.
즉 활동을 잠시 멈추고 쉬는 자연의 순리를 나타냅니다.
무리하게 지속하기보다 일과 삶의 균형을 이루는 중요한 가르침입니다.

혹시 당신은 매일 쉴 새 없이 돌아가는 톱니바퀴처럼, 쉼 없이 일하고 공부하며 바쁜 하루를 보내고 있나요? 하지만 우리 몸과 마음은 정교한 기계가 아니기에, 잠시 멈춰 숨을 고르는 '쉼'이라는 마법이 반드시 필요합니다. 마치 방전된 스마트폰이 충전 없이는 작동할 수 없듯,

우리 또한 적절한 휴식을 통해 다시 힘을 내고 활력을 되찾을 수 있습니다. 왜 우리에게 쉼이라는 마법이 필요한 걸까요?

업무 효율을 높여주는 마법 : 충분한 휴식은 마치 엔진에 기름칠을 하는 것처럼, 우리의 집중력을 향상시키고 번뜩이는 창의적인 아이디어가 샘솟도록 도와줍니다.

스트레스를 녹여주는 마법 : 좋아하는 음악을 듣거나, 아름다운 자연을 감상하는 휴식은 굳었던 마음을 부드럽게 풀어주고 평온함을 가져다줍니다.

건강을 지켜주는 마법 : 규칙적이고 충분한 휴식은 우리 몸과 마음의 균형을 맞춰주고, 건강한 삶의 지표가 되어줍니다.

관계를 깊게 만드는 마법 : 사랑하는 가족이나 소중한 친구들과 함께하는 휴식은 서로를 이해하고 공감하며, 더욱 끈끈한 유대감을 형성하도록 도와줍니다.

휴식은 단순히 잠을 자는 것만이 아닙니다. 고요한 명상, 편안한 요가, 상쾌한 산책, 즐거운 취미 활동 등, 당신에게 맞는 다양한 '쉼'의 마법을 찾아보세요.

일상 속에서 쉼의 마법을 실천하는 방법

자연과 하나 되는 마법 : 스마트폰을 잠시 내려놓고, 푸른 숲길을 걷거나 잔잔한 호수를 바라보며 자연의 아름다움을 온몸으로 느껴보세요.

마음을 달래는 마법 : 좋아하는 음악을 듣거나, 따뜻한 차를 마시며 조용히 책을 읽는 시간은 지친 마음을 부드럽게 안아줍니다.

몸을 깨우는 마법 : 가벼운 스트레칭이나 산책, 혹은 즐거운 운동은 몸과 마음에 활력을 불어넣어 줍니다.

디지털 디톡스 마법 : 잠시 디지털 기기와의 연결을 끊고, 온전히 자신에게 집중하는 시간을 가져보세요.

꿀잠 마법 : 깊고 충분한 잠은 최고의 휴식입니다. 마치 스마트폰을 밤새 충전하듯, 우리 몸과 마음에도 충분한 수면 시간을 선물하세요.

기억하세요, 모든 사람들에게 똑같은 휴식 방법이 효과적인 것은 아닙니다. 당신에게 가장 편안하고 즐거운 '쉼'의 마법을 찾아, 일상 속에서 꾸준히 실천하는 것이 중요합니다.

쉼은 멈춤이 아닌 더 힘찬 도약을 위한 준비

우리 사회는 쉼 없이 바쁘게 살아가는 것을 당연하게 여기는 경향이 있습니다. 하지만 쉼 없는 질주는 결국 우리의 소중한 에너지를 고갈시키고, 삶의 만족도를 떨어뜨릴 수 있습니다. 휴식은 결코 게으름이나 시간 낭비가 아니라, 더욱 건강하고 행복한 삶이라는 풍요로운 열매를 맺기 위한 필수적인 마법입니다. 매일 짧은 시간이라도 자신을 위한 '쉼'의 마법을 실천하는 작은 습관이, 당신의 인생을 놀랍도록 풍요롭게 만들어 줄 것입니다. 잠깐의 멈춤은 잃어버렸던 활력을 되찾아 주고, 다시 힘차게 나아갈 수 있는 에너지를 충전해 주는 마법과 같습니다. 오늘, 당신의 삶에 '쉼'이라는 마법을 걸어보는 건 어떨까요?

❋ 나를 향한 질문
"나의 텅 빈 배터리를 충전해 줄, 나만의 '쉼'이라는 마법은?"

❋ 핵심 요약
- 쉼은 단순한 게으름이 아닌, 더욱 효율적이고 건강한 삶을 위한 필수적인 마법입니다.
- 다양한 방법으로 자신에게 맞는 '쉼'의 마법을 찾아 실천하는 것이 중요합니다.
- 쉼은 스트레스를 줄여주고, 에너지를 재충전하며, 관계를 돈독하게 만들어 줍니다.

- 꾸준한 휴식은 단기적인 멈춤이 아닌, 장기적으로 당신의 인생을 풍요롭게 만드는 투자입니다.
- 지금 바로 당신의 삶에 '쉼'이라는 마법을 걸어보세요.

불안한 시대의 마음 수업

지은이 박찬근
발행일 2025년 7월 30일 초판 1쇄
펴낸이 양근모
펴낸곳 도서출판 청년정신
출판등록 1997년 12월 29일 제 10-1531호
주 소 경기도 파주시 경의로 1068, 602호
전 화 031) 957-1313 팩스 031) 624-6928
이메일 pricker@empas.com

ISBN 978-89-5861-252-0 (03150)

- 이 책은 저작권법에 의해 보호를 받는 저작물입니다.
- 이 책의 내용의 전부 또는 일부를 이용하시려면 반드시 저작권자와 도서출판 청년정신의 서면동의를 받아야 합니다.